Inhaltsverzeichnis

Frühstück

Mittag- & Abendessen

Partyfood

Desserts & Süßes

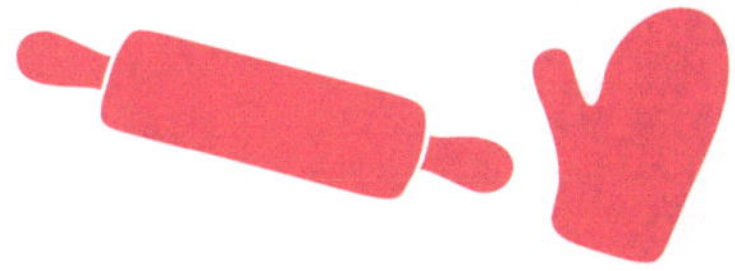

Snacks

Drinks

Kochen macht Spaß!

Willkommen in der wunderbaren Welt des Kochens! Ein Reich voller Aromen, Geschmack, Farben und unendlicher Möglichkeiten wartet auf dich!

Dieses Buch ist wie für dich gemacht – egal, ob du bereits ein Meister am Herd bist oder noch nie einen Kochlöffel in der Hand gehalten hast. Beginne eine Reise, die dir zeigt, wie viel Spaß es machen kann, deine eigenen Kreationen zu erschaffen und mit anderen zu teilen.

Habe keine Angst vor dem Unbekannten! Seit Anbeginn der Menschheit wird gekocht. Milliarden von Menschen auf der ganzen Welt kochen jeden Tag. Wenn jeder von ihnen es kann, warum solltest du es nicht auch können? Es ist leichter, als du denkst, und dieses Buch wird dir Schritt für Schritt zeigen, wie es geht.

Kochen bringt Freude und Zufriedenheit. Stelle dir vor, wie du deine selbstgemachten Gerichte mit deiner Familie und Freunden teilst, ihr Lachen und ihre Begeisterung erlebst, wenn sie deine Kreationen probieren.

Diese Momente der Gemeinschaft und des Stolzes sind unbezahlbar. Das ist etwas, das du immer wieder erleben möchtest.

Kochen ist auch eine Schule des Lebens. Du lernst nicht nur, wie man Zutaten zu einem köstlichen Gericht kombiniert, sondern auch wichtige Kompetenzen für dein Leben. Geduld, denn gutes Essen braucht seine Zeit. Übung, denn je mehr du kochst, desto besser wirst du. Und Kreativität, denn Kochen ist wie Malen auf einer Leinwand, nur dass deine Farben Geschmacksrichtungen und Aromen sind. Diese Fähigkeiten werden dir auch außerhalb der Küche von Nutzen sein.

Bist du bereit, etwas absolut Leckeres zu zaubern? Es ist Zeit, die Ärmel hochzukrempeln, die Töpfe und Pfannen herauszuholen und dein Küchenabenteuer zu beginnen.

Auf geht's! Lasse uns zusammen die Kunst des Kochens entdecken!

No-Gos & Must-Dos

No-Gos

1. Schneide dich nicht. Stumpfe Messer erhöhen das Risiko, dich zu schneiden, weil du mehr Kraft aufwenden musst.

2. Verhindere Verbrennungen. Achte darauf, dass die Griffe der Pfannen nach innen zeigen, damit du nicht versehentlich dagegen stößt und dich verbrennst. Wenn du den Backofen oder den Deckel eines Topfes öffnest, tritt einen Schritt zurück, um dich vor dem aufsteigenden Dampf zu schützen.

3. Würze nicht zu früh. Wenn du vorzeitig salzt oder würzt, kann das Fleisch austrocknen oder Gerichte können überwürzt schmecken.

4. Servieren ohne Probieren. Vergiss nicht, deine Gerichte zu probieren, bevor du sie servierst. So kannst du noch einmal nachwürzen und sicherstellen, dass das Essen genau so schmeckt, wie du es möchtest.

5. Kühle Reste sofort. Stelle übrig gebliebene Speisen unmittelbar nach dem Abkühlen in den Kühlschrank. Dadurch bleibt das Essen länger haltbar und sicher für den späteren Verzehr.

Must-Dos

1. Wasche deine Hände. Wasche deine Hände gründlich mit Seife, bevor du mit dem Kochen beginnst. Was an deinen Händen ist, kommt auch ins Essen. Fasse dir nicht in die Nase.

2. Wasche Obst und Gemüse. Obst und Gemüse kommen aus der Erde und gehen durch viele Hände, bevor sie bei dir zu Hause ankommen. Entferne Schmutz und Bakterien gründlich.

3. Sei vorsichtig bei rohem Fleisch. Nachdem du rohes Fleisch berührt hast, ist es unerlässlich, deine Hände erneut zu waschen. Verwende ein separates Schneidebrett, um Kreuzkontamination zu vermeiden.

4. Bereite deinen Kochplatz vor. Ein gut organisierter Kochbereich macht das Kochen angenehmer. Stelle sicher, dass alle Zutaten und Utensilien bereitliegen, bevor du beginnst.

5. Räume während des Kochens auf. Während der Backofen brummt, der Teig etwas Ruhe braucht oder eine heiße Speise abkühlt: Räume auf. Dies hält deine Arbeitsfläche sauber und reduziert die Arbeit nach dem Kochen.

So legst du los

Die Rezepte in diesem Buch erklären dir **Schritt für Schritt**, wie du leckere Mahlzeiten ganz einfach selbst zubereiten kannst. An der Seite jedes Rezepts siehst du die Zutaten, wie viel Zeit du einplanen musst und ob das Gericht für Vegetarier oder Veganer geeignet ist.

Kochen ist eine Kunst und keine exakte Wissenschaft. Das bedeutet, dass dein Gericht beim ersten Versuch vielleicht nicht genauso aussehen wird wie auf dem Foto.

Jeder bringt seine **persönliche Note** in das Gericht ein, und kleine Abweichungen in der Größe, Form oder Farbe der Zutaten führen zu leichten Unterschieden im Erscheinungsbild. Das ist völlig in Ordnung und Teil des Spaßes am Kochen!

Das Ziel ist, dir das Vertrauen zu geben, in der Küche zu experimentieren. Mit jedem Gericht, das du zubereitest, wirst du an Erfahrung gewinnen und deine Fähigkeiten verbessern. **Frohes Kochen!**

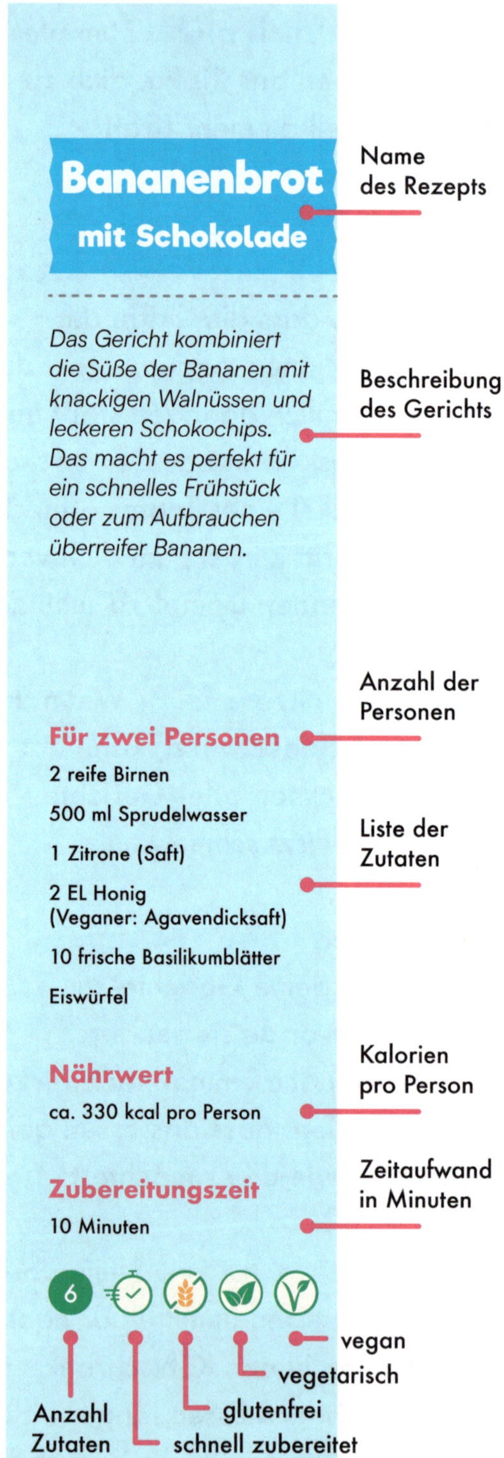

Abkürzungen

EL	Esslöffel	g	Gramm
TL	Teelöffel	l	Liter

Süßkartoffel-Toast
mit Avocado und pochiertem Ei

Dieses Gericht ist nicht nur geschmacklich ein Volltreffer, sondern bietet auch eine Vielzahl an Vitaminen, Mineralien und guten Fetten. Pochieren nennt man übrigens das Garen in heißem, aber nicht kochendem Wasser.

Für eine Person

1 große Süßkartoffel

1 reife Avocado

1 Ei

optional: Chili-Flocken, frische Kräuter wie Koriander oder Petersilie

Nährwert

ca. 440 kcal

Zeiten

Zubereitung: 5 Minuten
Kochzeit: 10 Minuten

3

So geht's

1. Wasche die **Süßkartoffel** gründlich und schneide sie längs in etwa 1 cm dicke Scheiben.

2. Toaste die Süßkartoffelscheiben in einem Toaster oder einer Grillpfanne, bis sie außen knusprig und innen weich sind.

3. Pochiere das **Ei**. Dafür bringst du einen Topf mit Wasser zum Kochen, reduzierst die Hitze und lässt das Ei vorsichtig in das siedende Wasser gleiten. Lasse es 3-4 Minuten köcheln.

4. Halbiere die **Avocado**, entferne den Kern und löse das Fruchtfleisch mit einem Löffel aus der Schale.

5. Zerdrücke das Fruchtfleisch mit einer Gabel. Würze es mit Salz und Pfeffer.

6. Verteile die zerdrückte Avocado gleichmäßig auf den Süßkartoffelscheiben.

7. Lege das pochierte Ei auf die Avocado. Würze es mit Salz, Pfeffer und optional mit **Chili-Flocken** und **frischen Kräutern**.

Tipp: Für eine pikante Note beträufle die Scheiben mit etwas Olivenöl und einem Spritzer Zitronensaft, bevor du die Avocado und das pochierte Ei hinzufügst.

Griechischer Joghurt

mit Honig, Walnüssen und Feigen

Die Kombination aus cremigem Joghurt, süßem Honig, knackigen Walnüssen und saftigen Feigen ist nicht nur superlecker, sondern liefert auch eine große Portion Eiweiß, gesunde Fette und Vitamine.

Für eine Person

200 g griechischer Joghurt

30 g Walnüsse

2 frische Feigen

1 EL Honig

Nährwert

ca. 410 kcal

Zubereitungszeit

5 Minuten

4

So geht's

1. Nimm dir eine Schüssel und fülle sie mit dem griechischen **Joghurt**.
2. Wasche die **Feigen**, trockne sie ab und schneide sie in Viertel. Verteile sie über den Joghurt.
3. Hacke die **Walnüsse** grob und lasse sie zusammen mit dem **Honig** über den Joghurt und die Feigen regnen.
4. Vermische alles vorsichtig mit einem Löffel oder lasse die Schichten unberührt, ganz wie du magst.
5. Genieße jeden Löffel.

Tipp: Für einen zusätzlichen Geschmackskick streue ein wenig Zimt über das fertige Gericht oder verfeinere mit einer frisch geriebenen Orangenschale.

Overnight Oats

mit frischen Beeren und Honig

Die Zubereitung am Vorabend lässt die Oats (Haferflocken) über Nacht in der Milch oder einem Milchersatz aufquellen. Dadurch sind sie am nächsten Morgen weich und cremig.

Für eine Person

50 g Haferflocken (ggf. glutenfreie Variante)

150 ml Milch oder Milchersatz (z. B. Mandelmilch)

1 Handvoll frische Beeren (z. B. Erdbeeren, Blaubeeren, Himbeeren)

1-2 EL Honig (oder Ersatz)

optional: eine Prise Zimt

Nährwert

ca. 310 kcal

Zeiten

Zubereitung: 5 Minuten
Ruhezeit: mind. 8 Stunden

So geht's

1. Nimm ein Einmachglas oder eine kleine Schüssel.

2. Füge die **Haferflocken** und die **Milch** oder, für Veganer, den Milchersatz hinzu.

3. Gib eine Prise **Zimt** dazu, wenn du möchtest. Rühre alles gut um.

4. Schraube das Glas zu oder decke die Schüssel ab. Stelle das Gefäß über Nacht in den Kühlschrank.

5. Am nächsten Morgen nimmst du die Haferflocken aus dem Kühlschrank.

6. Gib die **frischen Beeren** oben drauf.

7. Träufle den **Honig** über die Beeren. Veganer nehmen stattdessen Agavendicksaft.

8. Genieße dein nahrhaftes Frühstück.

Tipp: Für zusätzliche Textur und Geschmack streue ein paar gehackte Nüsse oder Leinsamen über die Oats, bevor du sie isst.

Gefüllte Omelett-Wraps

mit Spinat und Tomaten

Dieses Gericht ist perfekt für eine leichte Mahlzeit und eine hervorragende Möglichkeit, Gemüse in deine Ernährung zu integrieren. Passe es mit verschiedenen Zutaten deinem Geschmack an.

Für eine Person

2 Eier

2 (Kirsch-)Tomaten

1 Handvoll frischer Spinat

1 EL Olivenöl

optional: 30 g Käse

Nährwert

ca. 420 kcal

Zubereitungszeit

10 Minuten

4

So geht's

1. Schneide die **Tomaten** in Scheiben.
2. Schlage die **Eier** in eine Schüssel. Würze sie mit Salz und Pfeffer. Verquirle sie gut.
3. Erhitze das **Olivenöl** auf mittlerer Hitze in einer Pfanne.
4. Gieße die Ei-Mischung in die Pfanne. Lasse die Mischung leicht stocken.
5. Verteile den **Spinat** und die geschnittenen Tomaten auf einer Hälfte des Omeletts.
6. Wenn du es herzhafter möchtest, dann bestreue optional mit geriebenem **Käse**.
7. Klappe das Omelett zur Hälfte über die Füllung. Lasse es weitere 2-3 Minuten garen, bis der Käse schmilzt.
8. Serviere den Omelett-Wrap heiß.

Tipp: Für zusätzlichen Geschmack füge ein wenig frisches Basilikum oder Schnittlauch hinzu, bevor du das Omelett zusammenklappst.

Acai-Bowl

mit frischen Früchten und Kokos

Mit der köstlichen Acai-Bowl aus Brasilien startest du mit viel Energie in den Tag. Die Acaibeeren sind für ihre Antioxidantien bekannt, die dein Immunsystem und deine Stressabwehr fördern sollen.

Für eine Person

100 g Acai-Püree (gefroren)

50 ml Kokosmilch

1 Banane

1 EL Honig

1 EL Kokosflocken

1 EL Knuspermüsli (Granola)

1 Handvoll gemischte Beeren (z. B. Blaubeeren, Erdbeeren)

Nährwert

ca. 360 kcal

Zubereitungszeit

10 Minuten

7

So geht's

1. Gib das **Acai-Püree**, eine halbe **Banane** und die **Kokosmilch** in den Mixer.

2. Mische die Zutaten auf hoher Stufe, bis eine glatte Masse entsteht.

3. Gieße die Acai-Mischung in eine Schüssel.

4. Schneide die restliche halbe Banane in Scheiben. Verteile sie zusammen mit den **gemischten Beeren** über die Acai-Mischung.

5. Bestreue das Ganze mit **Kokosflocken** und **Knuspermüsli**. Wenn du Gluten nicht verträgst, verwende glutenfreies Granola.

6. Optional kannst du die Bowl mit einem Löffel **Honig** versüßen. Veganer nehmen stattdessen Agavendicksaft.

Tipp: Experimentiere mit verschiedenen Toppings, wie Nüssen, Chiasamen oder sogar einem Klecks Erdnuss- oder Mandelbutter für zusätzliches Protein.

Eier-Muffins

mit Gemüse und Käse

Eier-Muffins sind reich an Eiweiß und können mit verschiedenen Gemüsesorten zubereitet werden. Sie sind auch perfekt zum Einfrieren geeignet, was sie zu einem idealen Meal-Prep-Gericht macht.

Für eine Person

3 Eier

¼ Tasse gewürfeltes Gemüse (z. B. Paprika, Tomate, Zwiebel, Spinat)

¼ Tasse geriebener Käse (z. B. Cheddar oder Gouda)

1 TL Olivenöl

Nährwert

ca. 380 kcal

Zeiten

Zubereitung: 10 Minuten
Kochzeit: 20-25 Minuten

7

So geht's

1. Heize den Ofen auf 180 °C vor.
2. Öle die Muffinform mit dem **Olivenöl** leicht ein.
3. Schlage die **Eier** in einer Schüssel auf. Würze sie mit Salz und Pfeffer. Verquirle sie gut.
4. Verteile das **gewürfelte Gemüse** gleichmäßig in den Muffinförmchen.
5. Gieße die verquirlten Eier bis zu ¾ der Förmchenhöhe über das Gemüse.
6. Streue den **geriebenen Käse** über die Ei-Gemüse-Mischung.
7. Backe die Muffins 20-25 Minuten im Ofen, bis sie gestockt sind und eine goldene Farbe angenommen haben.
8. Lasse die Muffins vor dem Herausnehmen aus der Form einige Minuten abkühlen.

Tipp: Für einen intensiveren Geschmack füge Kräuter wie Schnittlauch, Petersilie oder Basilikum hinzu.

Haferflocken-Pancakes

mit Blaubeeren und Sirup

Dieses Frühstück ist eine gesunde und leckere Alternative zu herkömmlichen Pancakes. Reich an Ballaststoffen und Proteinen, ist es eine ausgezeichnete Wahl für ein nahrhaftes Frühstück.

Für eine Person

100 ml Milch

50 g Haferflocken
(ggf. glutenfreie Variante)

50 g Blaubeeren

1 Ei

1 EL Honig

1 TL Butter (oder Öl)

½ TL Backpulver

Sirup zum Servieren

Nährwert

ca. 520 kcal

Zeiten

Zubereitung: 10 Minuten
Kochzeit: 10 Minuten

8

So geht's

1. Mixe die **Haferflocken** in einem Mixer, bis sie mehlartig sind.

2. Füge **Milch**, **Ei**, **Backpulver**, **Honig** und etwas Salz hinzu. Mixe alles zu einem glatten Teig. Veganer nehmen Ei-Ersatz und Ahornsirup statt Honig.

3. Heize die Pfanne auf mittlerer Stufe und gib ein wenig **Öl** oder **Butter** hinein.

4. Gib für jeden Pancake etwa eine Schöpfkelle Teig in die Pfanne.

5. Streue einige **Blaubeeren** auf den Teig, bevor er fest wird.

6. Brate den Pancake, bis er an den Rändern fest wird. Dann wende ihn, um die andere Seite zu braten.

7. Serviere die Pancakes warm mit zusätzlichem Sirup.

Tipp: Für extra Fluffigkeit gib einen Teelöffel Apfelessig zum Teig hinzu. Der Essig reagiert mit dem Backpulver und sorgt für lockere Pancakes.

Frühstücksburritos

mit Rührei, Bohnen und Käse

Burritos sind ein herzhaftes, nahrhaftes Frühstück. Sie haben ihren Ursprung in Mexiko, aber die Version mit Frühstückszutaten ist eine amerikanische Erfindung.

Für eine Person

50 g schwarze Bohnen

50 g geriebener Käse

2 Weizen-Tortillas

2 Eier

1 Tomate

½ kleine Zwiebel

1 EL Milch

1 EL Olivenöl

optional: gehackte frische Korianderblätter, Salsa

Nährwert

ca. 760 kcal

Zeiten

Zubereitung: 10 Minuten
Kochzeit: 10 Minuten

8

So geht's

1. Reibe den **Käse**. Würfle die **Tomate** und die **Zwiebel**.

2. Erhitze das **Olivenöl** in einer Pfanne bei mittlerer Hitze. Füge die gewürfelte Zwiebel hinzu. Brate sie, bis sie glasig ist.

3. Schlage in einer Schüssel die **Eier** mit **Milch**, Salz und Pfeffer zusammen. Gib die Ei-Mischung zu den Zwiebeln in die Pfanne.

4. Koche das Rührei, indem du es sanft rührst, bis es fest, aber noch saftig ist.

5. Erwärme die **Tortillas** in einer zweiten Pfanne oder im Mikrowellenherd, bis sie weich und warm sind.

6. Verteile das Rührei, die Tomatenwürfel, die **schwarzen Bohnen** und den geriebenen Käse gleichmäßig auf den Tortillas.

7. Füge optional gehackte **Korianderblätter** hinzu. Rolle die Tortillas zu Burritos.

8. Serviere die Burritos sofort, optional mit **Salsa** an der Seite.

Tipp: Füge eine Prise Kreuzkümmel zum Rührei hinzu und serviere die Burritos mit Guacamole als Beilage, um den Geschmack zu intensivieren.

Gemüse-Frittata

mit Kräutern und Feta-Käse

Die Gemüse-Frittata hat ihren Ursprung in der italienischen Küche. Sie ist perfekt für jede Tageszeit, von einem nahrhaften Frühstück bis hin zu einem leichten Abendessen.

Für eine Person

2 Eier

50 g Feta-Käse, zerbröckelt

1 Frühlingszwiebel

1 Knoblauchzehe

½ Zucchini

½ rote Paprika

2 EL Olivenöl

frische Kräuter (zum Beispiel Petersilie, Basilikum), gehackt

Nährwert

ca. 550 kcal

Zeiten

Zubereitung: 10 Minuten
Kochzeit: 20 Minuten

8

So geht's

1. Schneide die **Zucchini** in Scheiben, die **Paprika** in Würfel und die **Frühlingszwiebeln** in Ringe. Hacke die **Knoblauchzehe** fein.

2. Erhitze das **Olivenöl** in einer ofenfesten Pfanne bei mittlerer Hitze.

3. Füge Zucchini, Paprika, Knoblauch und Zwiebeln hinzu. Brate die Mischung etwa 5 Minuten, bis sie weich ist.

4. Schlage die **Eier** in einer Schüssel auf. Füge Salz und Pfeffer hinzu. Verquirle sie gut.

5. Gieße die Eier über das Gemüse in der Pfanne. Streue die **Kräuter** und den **Feta-Käse** darüber.

6. Lasse die Frittata bei mittlerer Hitze kochen, bis die Eier fast vollständig gestockt sind.

7. Für einen intensiveren Geschmack stelle die Pfanne für die letzten 5 Minuten unter den Grill im Backofen, bis die Oberfläche goldbraun ist.

8. Serviere die Frittata warm.

Tipp: Steigere den Geschmack der Frittata, indem du sie mit einem Teelöffel frischem Pesto und etwas Zitronensaft anrichtest.

Bananenbrot

mit Walnüssen und Schokochips

Das Gericht kombiniert die Süße der Bananen mit knackigen Walnüssen und leckeren Schokochips. Das macht es perfekt für ein schnelles Frühstück oder zum Aufbrauchen überreifer Bananen.

Für 2-3 Personen

200 g Mehl

100 g Zucker

80 ml Pflanzenöl

80 g Walnüsse, gehackt

80 g Schokochips

3 reife Bananen

2 Eier

3 TL Backpulver

Nährwert

ca. 250 kcal pro Stück

Zeiten

Zubereitung: 10 Minuten
Kochzeit: 25 Minuten

8

So geht's

1. Heize den Ofen auf 180 °C vor. Fette eine Backform leicht ein.

2. Zerdrücke die **Banane** in einer Rührschüssel mit einer Gabel.

3. Füge **Zucker** und **Pflanzenöl** hinzu. Verrühre alles gut.

4. Schlage das **Ei** unter die Bananenmischung.

5. Mische **Mehl**, **Backpulver** und Salz in einer anderen Schüssel. Dann siebe sie zu der Bananenmischung.

6. Füge die gehackten **Walnüsse** und **Schokochips** hinzu. Verrühre den Teig, bis alles gleichmäßig verteilt ist.

7. Gieße den Teig in die Backform. Backe ihn für etwa 50 Minuten. Der Teig ist fertig, wenn du einen Zahnstocher hineinstichst und er sauber herauskommt.

8. Lasse das Bananenbrot in der Form etwas abkühlen, bevor du es stürzt und servierst.

Tipp: Für einen etwas exotischeren Geschmack kannst du dem Teig eine Prise Zimt oder Vanilleextrakt hinzufügen.

Rinderfiletstreifen in Teriyaki-Sauce

mit Brokkoli und Reis

Die japanische Teriyaki-Sauce ist bekannt für ihre harmonische Balance aus Süße und Salzigkeit. Sie verleiht dem Rindfleisch eine glänzende, aromatische Glasur.

Für zwei Personen

300 g Rinderfilet

200 g Brokkoli

1 Tasse Reis

3 EL Teriyaki-Sauce (ggf. glutenfreie Variante)

2 EL Pflanzenöl

1 Knoblauchzehe

optional: Sesamsamen

Nährwert

ca. 870 kcal pro Person

Zeiten

Zubereitung: 15 Minuten
Kochzeit: 20 Minuten

6

So geht's

1. Schneide das **Rinderfilet** in Streifen. Zerteile den **Brokkoli** in Röschen. Hacke die **Knoblauchzehe** fein.

2. Koche den **Reis** nach Packungsanleitung in einem mittelgroßen Topf.

3. Erhitze währenddessen das **Pflanzenöl** in einer Pfanne auf mittlerer Stufe.

4. Gib die Rinderfiletstreifen in die Pfanne. Brate sie 2-3 Minuten an, bis sie rundherum braun sind.

5. Füge den gehackten Knoblauch hinzu. Brate alles weitere 2 Minuten.

6. Gib den Brokkoli hinzu. Brate ihn mit den Rinderfiletstreifen weitere 5 Minuten.

7. Vermische das Ganze mit der **Teriyaki-Sauce**. Würze es mit Salz und Pfeffer. Lasse alles auf niedriger Hitze 5 Minuten köcheln.

8. Serviere die Rinderfiletstreifen und den Brokkoli über dem gekochten Reis. Garniere optional mit Sesamsamen.

Tipp: Lasse für einen intensiveren Geschmack das Rinderfilet vor dem Anbraten 30 Minuten lang in Teriyaki-Sauce marinieren.

Gebackener Lachs

mit Honig-Senf-Glasur und wildem Reis

Dieses Gericht ist nicht nur ein Gaumenschmaus, sondern bietet auch viele Nährstoffe. Der wilde Reis wird für seine Ballaststoffe und Proteine geschätzt, während Lachs eine hervorragende Quelle für Omega-3-Fettsäuren ist.

Für zwei Personen

2 Lachsfilets (je ca. 150 g)

1 Tasse Wildreis

2 EL Honig

2 EL Dijon-Senf

1 EL Olivenöl

1 TL Sojasauce
(ggf. glutenfreie Variante)

Nährwert

ca. 580 kcal pro Person

Zeiten

Zubereitung: 15 Minuten
Kochzeit: 25 Minuten

So geht's

1. Heize den Ofen auf 200 °C vor.

2. Spüle den **Wildreis** unter fließendem Wasser ab. Dann bringe ihn mit 2 Tassen Wasser und etwas Salz in einem kleinen Topf zum Kochen.

3. Reduziere die Hitze. Lasse den Reis etwa 45 Minuten bei geschlossenem Deckel köcheln, bis das Wasser komplett aufgesogen wurde.

4. **Honig-Senf-Glasur:** Vermische in einer kleinen Schüssel **Honig**, den **Dijon-Senf**, **Olivenöl** und **Sojasauce**.

5. Lege die **Lachsfilets** auf ein Backblech im Ofen. Würze sie mit Salz und Pfeffer.

6. Bestreiche die Oberseite der Lachsfilets gleichmäßig mit der Honig-Senf-Glasur.

7. Backe den Lachs im vorgeheizten Ofen etwa 15 bis 20 Minuten, oder bis er durchgegart ist.

8. Serviere den gebackenen Lachs auf einem Bett aus Wildreis.

Tipp:
Verfeinere die Glasur mit einem Spritzer Zitronensaft, um eine leichte Säure hinzuzufügen, die hervorragend zum Lachs passt.

Gegrillte Gemüse-Tacos

mit Guacamole und frischem Koriander

Diese köstliche und farbenfrohe Mahlzeit fängt die Aromen Mexikos ein. Die Zubereitung ist schnell und einfach, was das Gericht zu einer idealen Wahl für geschäftige Tage macht.

Für zwei Personen

4 kleine Mais-Tortillas
1 rote Paprika
1 gelbe Paprika
1 kleine Zucchini
1 rote Zwiebel
2 reife Avocados
2 EL frischer Koriander
1 EL Olivenöl
Saft von 1 Limette
optional: 1 Knoblauchzehe

Nährwert

ca. 520 kcal pro Person

Zeiten

Zubereitung: 20 Minuten
Kochzeit: 10 Minuten

9

So geht's

1. Erhitze eine Grillpfanne bei mittlerer Hitze.
2. Schneide die **Paprika** in Streifen, die **Zucchini** in Scheiben und die **Zwiebel** in Ringe.
3. Pinsle mit **Olivenöl** die rote und gelbe Paprika, die Zucchini und die rote Zwiebel ein. Würze das Gemüse mit Salz und Pfeffer.
4. Grille das Gemüse etwa 5-7 Minuten, bis es weich ist und leichte dunkle Stellen hat. Lege es dann beiseite.
5. **Guacamole:** Halbiere die **Avocados** und entferne die Kerne. Löffle das Avocado-Fleisch in eine Schüssel. Zerdrücke das Fleisch mit einer Gabel.
6. Füge **Limettensaft**, gehackten **Koriander**, Salz, Pfeffer und – wenn du möchtest – fein gehackten **Knoblauch** hinzu.
7. Erwärme die **Mais-Tortillas** auf dem Grill oder in einer Pfanne etwa 1 Minute auf jeder Seite, bis sie warm und leicht knusprig sind.
8. Belege jede Tortilla zuerst mit einer Schicht des gegrillten Gemüses. Füge dann einen großzügigen Löffel der frisch zubereiteten Guacamole hinzu.
9. Garniere die Tacos mit frischem **Koriander**. Serviere die Tacos sofort, damit sie knackig bleiben.

Tipp: Für einen zusätzlichen Kick füge etwas gehackte Jalapeño oder einen Spritzer Chipotle-Sauce zur Guacamole hinzu.

Caesar Salad

mit gegrilltem Hähnchen und hausgemachten Croûtons

Der Caesar Salad ist benannt nach dem italienisch-amerikanischen Koch Caesar Cardini. Seit seiner Erfindung 1924 entwickelte der Salat sich zu einem weltweiten Lieblingsgericht.

Für zwei Personen

2 Hähnchenbrustfilets
1 großer Römersalat
100 g altbackenes Brot
50 g gehobelter Parmesan
2 Knoblauchzehen
1 Eigelb
6 EL Olivenöl
2 EL Zitronensaft
1 TL Senf
optional: 2 Anchovisfilets (oder 2 Sardellen)

Nährwert

ca. 630 kcal pro Person

Zeiten

Zubereitung: 20 Minuten
Kochzeit: 20 Minuten

9

So geht's

1. **Hähnchenbrust:** Salze und pfeffere die **Hähnchenbrustfilets**. Grille sie bei mittlerer Hitze ca. 10 Minuten pro Seite, bis sie durchgegart sind. Lasse sie danach etwas ruhen. Schneide sie dann in Streifen.

2. **Croûtons:** Schneide das **Brot** in Würfel. Erhitze in einer Pfanne 2 EL **Olivenöl**. Gib eine gepresste **Knoblauchzehe** und die Brotwürfel dazu. Röste sie unter gelegentlichem Rühren goldbraun.

3. **Dressing:** Vermische in einer Schüssel das **Eigelb**, den **Senf**, den **Zitronensaft**, eine gepresste Knoblauchzehe, etwas Salz und Pfeffer und optional die zerkleinerten **Anchovis**. Schlage das Ganze, bis das Dressing eine cremige Konsistenz hat, während du langsam 4 EL Olivenöl einrührst.

4. **Salat:** Reiße den **Römersalat** in mundgerechte Stücke und gib ihn in eine große Schüssel. Füge die Croûtons und das Dressing hinzu. Vermische alles gut. Verteile den Salat auf den Tellern. Lege die Hähnchenstreifen darüber. Bestreue das Ganze mit gehobeltem **Parmesan**.

Tipp: Für zusätzliche Tiefe füge geröstete Pinienkerne oder ein paar Tropfen Worcestersauce zum Dressing hinzu.

Vegane Linsen-Bolognese

mit Fettuccine

Dieses kulinarische Highlight ist für alle, die den Geschmack traditioneller italienischer Küche lieben, aber auf eine pflanzenbasierte Ernährung Wert legen.

Für zwei Personen

400 g gehackte Tomaten (aus der Dose)
1 Dose braune Linsen (ca. 240 g Abtropfgewicht)
150 g Fettuccine
2 Knoblauchzehen
1 mittelgroße Zwiebel
1 Karotte
2 EL Olivenöl
2 TL getrockneter Oregano
1 TL getrocknetes Basilikum
frisches Basilikum

Nährwert

ca. 700 kcal pro Person

Zeiten

Zubereitung: 10 Minuten
Kochzeit: 30 Minuten

10

So geht's

1. Hacke die **Knoblauchzehen** fein. Würfle die **Karotte** und die **Zwiebeln** fein.

2. Koche die **Fettuccine** nach Packungsanweisung in einem großen Topf mit Salzwasser. Gieße danach das Wasser ab und stelle den Topf beiseite.

3. Erhitze das **Olivenöl** in einer Pfanne. Schwitze die Zwiebeln, den Knoblauch und die Karotte darin bei mittlerer Hitze 5 Minuten an.

4. Füge die abgetropften **Linsen** hinzu. Brate sie weitere 2 Minuten mit.

5. Gib die gehackten **Tomaten**, **Oregano** und das getrocknete **Basilikum** dazu. Würze mit Salz und Pfeffer.

6. Lasse die Sauce bei niedriger Hitze 20 bis 25 Minuten köcheln, bis sie eindickt.

7. Vermische die fertige Linsen-Bolognese mit den Fettuccine. Schmecke ab und garniere mit **frischem Basilikum**.

Tipp: Ein wenig Balsamico-Essig sorgt für eine feine Säure und kann die Bolognese noch aromatischer machen.

Hähnchenbrust in Kräuter-Marinade

mit mediterranem Gemüse

Die sanfte Marinade, reich an Kräuter- und Zitrusnoten, verleiht dem zarten Hähnchen eine aromatische Tiefe, während das bunte Gemüse für eine frische, knackige Beilage sorgt.

Für zwei Personen

2 Hähnchenbrustfilets
10 Kirschtomaten
1 Zucchini
1 rote Paprika
1 gelbe Paprika
1 Aubergine
2 Knoblauchzehen
1 Zitrone (Saft und Abrieb)
2 EL Olivenöl
frische Kräuter

Nährwert

ca. 360 kcal pro Person

Zeiten

Zubereitung: 15 Minuten
Marinierzeit: 30 Minuten
Grillzeit: 15 Minuten

10

So geht's

1. Nimm für die **frischen Kräuter** zum Beispiel Rosmarin, Thymian und Oregano. Hacke sie klein.

2. Mische in einer Schüssel den **Zitronensaft**, den **Zitronenabrieb**, gehackte **Knoblauchzehen**, das **Olivenöl** und die Kräuter. Würze mit Salz und Pfeffer.

3. Lege die **Hähnchenbrustfilets** in die Marinade. Stelle sicher, dass sie vollständig bedeckt sind. Lasse sie mindestens 30 Minuten im Kühlschrank ziehen.

4. Heize den Grill oder Backofen auf mittlere Hitze vor.

5. Schneide **Zucchini**, **Paprika**, **Aubergine** und **Kirschtomaten** in mundgerechte Stücke.

6. Nimm das Hähnchen aus der Marinade. Grille es von jeder Seite ca. 5 bis 7 Minuten, bis es durchgegart ist.

7. Gleichzeitig kannst du das Gemüse auf dem Grill oder in einer separaten Pfanne anbraten, bis es weich ist.

8. Serviere das Hähnchen mit dem Gemüse auf einem Teller. Garniere mit frischen Kräutern.

Tipp: Ein Spritzer frischer Zitronensaft vor dem Servieren kann das Gericht zusätzlich aufhellen und den Geschmack verstärken.

One-Pot-Pasta Primavera

mit saisonalem Gemüse

Alle frischen und knackigen Gemüsesorten werden in einem einzigen Topf mit Pasta gekocht, was den Geschmack intensiviert und die Zubereitung vereinfacht.

Für zwei Personen

200 g Pasta, z. B. Spaghetti
150 g Kirschtomaten
100 g grüne Bohnen
2 Knoblauchzehen
1 gelbe Paprika
1 kleine Zucchini
1 Karotte
500 ml Gemüsebrühe
50 ml Sahne
2 EL Olivenöl
Basilikumblätter (Dekoration)

Nährwert

ca. 760 kcal pro Person

Zeiten

Zubereitung: 15 Minuten
Kochzeit: 15 Minuten

11

So geht's

1. Halbiere die **Kirschtomaten** und die **Bohnen**. Schneide die **Karotte** in dünne Scheiben. Schneide die **Zucchini** in Halbmonde und die **Paprika** in Streifen.

2. Erhitze das **Olivenöl** bei mittlerer Hitze in einem großen Topf. Gib den **Knoblauch** hinzu. Brate ihn an, bis er duftet.

3. Füge die Karotte, Zucchini und Bohnen hinzu. Koche sie 5 Minuten, bis sie leicht weich werden.

4. Gib dann die **Pasta**, die Paprika, die Kirschtomaten und die **Gemüsebrühe** hinzu. Stelle sicher, dass die Pasta vollständig von der Flüssigkeit bedeckt ist.

5. Würze mit Salz und Pfeffer. Bringe die Mischung zum Kochen. Reduziere dann die Hitze. Lasse alles 10 bis 12 Minuten köcheln, bis die Pasta al dente ist und die Flüssigkeit größtenteils aufgesaugt wurde.

6. Rühre die **Sahne** ein und koche das Ganze noch 1-2 Minuten.

7. Nimm den Topf vom Herd. Lasse die Pasta ein paar Minuten ruhen. Serviere die Pasta mit frischen **Basilikumblättern**.

Tipp: Bevor du das Gericht servierst, füge geriebenen Parmesan hinzu. Dies verleiht der Pasta einen frischen und würzigen Geschmack.

Gefüllte Paprika

mit Quinoa, Pilzen und Gemüse, überbacken mit Käse

Dieses nahrhafte Gericht zeichnet sich durch seine Farbenvielfalt und seinen Reichtum an Texturen aus. Quinoa ist seit mehr als 5000 Jahren in den Anden als »Superfood« bekannt, voller Proteine, Mineral- und Ballaststoffe.

Für zwei Personen

2 große Paprikaschoten
200 ml Gemüsebrühe
100 g Quinoa
100 g Champignons
100 g Kirschtomaten
100 g (ggf. veganer) Käse
2 Knoblauchzehen
1 kleine Zucchini
1 rote Zwiebel
2 EL Olivenöl
frische Kräuter nach Wahl

Nährwert

ca. 510 kcal pro Person

Zeiten

Zubereitung: 20 Minuten
Kochzeit: 30 Minuten

11

So geht's

1. Heize den Backofen auf 180 °C vor. Wasche die **Paprikas**, halbiere sie und entferne die Kerne.

3. Koche den **Quinoa** in der **Gemüsebrühe** gemäß Packungsanleitung.

4. Würfle die **Zucchini**, **Knoblauchzehen**, **Zwiebel** und **Champignons**. Halbiere die **Kirschtomaten**.

5. Erhitze das **Olivenöl** in einer Pfanne. Dünste Zwiebel und Knoblauch darin an.

6. Füge Zucchini und Champignons hinzu. Brate sie, bis sie weich sind.

7. Mische das gebratene Gemüse mit dem gekochten Quinoa und den Tomaten. Würze mit Salz, Pfeffer und **frischen Kräutern**, zum Beispiel Petersilie oder Basilikum.

8. Fülle die Paprikahälften mit der Quinoa-Gemüsemischung.

9. Bestreue die gefüllten Paprikas mit geriebenem **Käse**, wie Gouda oder Mozzarella.

10. Backe die Paprikas ca. 20 Minuten im Ofen, bis der Käse geschmolzen und goldbraun ist.

11. Serviere die gefüllten Paprikas heiß.

Tipp: Für ein intensiveres Aroma füge vor dem Füllen der Paprika etwas geräuchertes Paprikapulver hinzu.

Selbstgemachter Veggie-Burger

mit Süßkartoffel-Pommes

Eine gesunde Alternative zu den üblichen Fast-Food-Gerichten: Süßkartoffeln sind reich an Ballaststoffen, Vitamin A und C, und die Patties liefern wichtige Nährstoffe und Eiweiß.

Für zwei Personen

4 Vollkorn-Burgerbrötchen
2 große Süßkartoffeln
400 g schwarze Bohnen
50 g Haferflocken
1 kleine rote Zwiebel
2 Knoblauchzehen
1 Karotte
1 TL Paprikapulver
1 TL Kreuzkümmel
Olivenöl
beliebige Toppings (z. B. Salat, Tomate, Gurke, Avocado, Ketchup, Senf)

Nährwert

ca. 880 kcal pro Person

Zeiten

Zubereitung: 20 Minuten
Kochzeit: 30 Minuten

11

So geht's

1. Heize den Ofen auf 200 °C vor. Schäle die **Süßkartoffeln** und schneide sie in Pommes-Form. Verteile sie auf einem Backblech, beträufle mit **Olivenöl** und würze mit Salz und Pfeffer. Backe sie ca. 25 bis 30 Minuten, bis sie goldbraun sind.

2. Spüle die **schwarzen Bohnen** ab und lasse sie abtropfen. Zerdrücke sie in einer Schüssel grob mit einem Pürierstab oder einer Gabel.

3. Schäle die **Zwiebel**. Hacke sie und den **Knoblauch** fein. Rasple die **Karotte**. Füge alles zu den Bohnen hinzu.

4. Gib **Haferflocken**, **Paprikapulver**, **Kreuzkümmel**, Salz und Pfeffer in die Schüssel und vermische alles gründlich.

5. Forme aus der Mischung vier Patties. Erhitze etwas Olivenöl in einer Pfanne und brate die Patties von jeder Seite ca. 5 Minuten, bis sie fest und goldbraun sind.

6. Toaste die **Burgerbrötchen** leicht an. Belege sie nach Belieben mit den Patties und deinen gewählten **Toppings**.

Tipp: Für einen zusätzlichen Geschmackskick mariniere die Burger-Patties vor dem Braten mit etwas Sojasauce und geräuchertem Paprikapulver.

Chili-Cheese-Burger

mit Cheddar-Käse, Jalapeños und Spezial-Burgersauce

Der Chili-Cheese-Burger ist ein feuriges Vergnügen für alle Liebhaber der scharfen Küche. Er kombiniert die Schärfe von Jalapeños mit der cremigen Schmelzkraft von Cheddar-Käse.

Für zwei Personen

2 Hamburger-Brötchen
300 g Rinderhackfleisch
4 Scheiben Cheddar-Käse
4 Blätter grüner Salat
2-4 Jalapeños (je nach gewünschter Schärfe)
1 kleine rote Zwiebel
3 EL Mayonnaise
1 EL Ketchup
1 EL Pflanzenöl
1 TL Senf
1 TL Honig
Limettensaft

Nährwert

ca. 820 kcal pro Person

Zeiten

Zubereitung: 15 Minuten
Kochzeit: 10 Minuten

12

So geht's

1. Schneide die **Zwiebeln** in dünne Ringe. Schneide die **Jalapeños** in dünne Scheiben. Wasche die **Salatblätter** und tupfe sie trocken.

2. **Spezial-Burgersauce:** Vermische **Mayonnaise**, **Ketchup**, **Senf**, **Honig**, die gehackten Jalapeños und **Limettensaft** gut in einer kleinen Schüssel. Gib Salz und Pfeffer hinzu.

3. Würze das **Rinderhack** mit Salz und Pfeffer. Forme daraus zwei Patties und brate sie in einer Pfanne mit **Öl** von jeder Seite etwa 4 Minuten.

4. Lege in den letzten 2 Minuten der Bratzeit jeweils zwei Scheiben **Cheddar** auf die Patties, damit der Käse schmilzt.

5. Halbiere die **Brötchen**. Röste sie auf der Schnittfläche in der Pfanne.

6. Bestreiche die unteren Hälften der Brötchen mit der Burgersauce. Belege mit den Salatblättern.

7. Lege die Patties auf den Salat. Belege mit Zwiebelringen und Jalapeños. Schließe mit der oberen Brötchenhälfte ab.

Tipp: Um den Burger noch saftiger zu machen, füge zusätzlich karamellisierte Zwiebeln und eine Scheibe Avocado hinzu.

Apfeltaschen

mit Zimt und Zucker

Apfeltaschen mit Zimt und Zucker sind eine herrlich süße Versuchung, die ihre Wurzeln in der deutschen Küche haben. Dieses warme Gebäck isst man gerne im Herbst, wenn das Wetter kühler wird.

Für zwei Personen

2 große Äpfel

1 Rolle Blätterteig (ca. 270 g)

1 Ei

2 EL Zucker

1 TL Zimt

Nährwert

ca. 810 kcal pro Person

Zeiten

Zubereitung: 15 Minuten
Kochzeit: 20 Minuten

5

So geht's

1. Heize den Ofen auf 200 °C (Umluft 180 °C) vor.

2. Wasche die **Äpfel**, schäle sie und entferne das Kerngehäuse. Dann schneide sie in kleine Würfel.

3. Rolle den **Blätterteig** aus. Schneide ihn in vier gleich große Quadrate.

4. Vermische in einer Schüssel die Apfelwürfel mit **Zucker** und **Zimt**.

5. Verteile die Apfel-Zimt-Mischung auf den Blätterteig-Quadraten. Lasse dabei einen Rand frei.

6. Schlage das **Ei** auf. Verquirle es leicht und bestreiche damit die Ränder der Teig-Quadrate.

7. Falte die Teig-Quadrate zu Dreiecken. Drücke die Ränder fest zusammen, damit nichts auslaufen kann.

8. Belege ein Backblech mit Backpapier. Lege die Apfeltaschen darauf. Bestreiche sie mit dem restlichen Ei.

9. Backe die Apfeltaschen etwa 20 Minuten, bis sie goldbraun sind.

Tipp: Für ein besonders aromatisches Erlebnis gib etwas Vanillezucker zum Zimt-Zucker-Gemisch.

Grießflammeri

mit Fruchtsauce

Dieses klassische Dessert besticht durch seine leichte und luftige Konsistenz. Es ist ideal, wenn du ein Dessert suchst, das sowohl Komfort als auch eine Spur von Eleganz bieten soll.

Für zwei Personen

500 ml Milch

200 g gemischte Beeren (für die Sauce)

50 g Weichweizengrieß

1 Päckchen Vanillezucker

2 EL Zucker

1 EL Zucker (für die Sauce)

Nährwert

ca. 410 kcal pro Person

Zeiten

Zubereitung: 10 Minuten
Kochzeit: 20 Minuten

6

So geht's

1. Gib **Milch** in einen Topf und erwärme sie bei mittlerer Hitze.

2. Rühre den **Zucker** und **Vanillezucker** ein, bis sich beide vollständig aufgelöst haben.

3. Riesle langsam **Weichweizengrieß** ein. Rühre dabei ständig mit dem Schneebesen, um Klumpen zu vermeiden.

4. Bringe die Mischung unter ständigem Rühren zum Kochen. Dann reduziere die Hitze. Lasse die Masse etwa 10 Minuten köcheln, bis sie eindickt.

5. Nimm den Grießflammeri vom Herd und fülle ihn in Servierschalen. Stelle sie zum Abkühlen beiseite.

6. **Fruchtsauce:** Erwärme die **Beeren** in einer kleinen Pfanne bei mittlerer Hitze. Füge **Zucker** hinzu. Lasse so lange köcheln, bis die Früchte weich werden und eine Sauce entsteht.

7. Gib die Sauce über den abgekühlten Grießflammeri und serviere.

Tipp: Füge der Milch eine Zimtstange während des Kochens hinzu, um dem Grießflammeri eine würzige Note zu verleihen. Entferne die Zimtstange vor dem Servieren.

Kokosnuss-Reiskuchen

mit Limettenzeste

Dieses Dessert besticht durch die harmonische Kombination von süßer Kokosnuss und spritziger Limette. Inspiriert von südostasiatischen Aromen, bietet es einen einzigartigen Geschmack.

Für zwei Personen

200 ml Kokosmilch

100 g Jasmin-Reis

50 ml Wasser

30 g Zucker

2 EL Kokosflocken

Schale von 1 Limette

Nährwert

ca. 320 kcal pro Person

Zeiten

Zubereitung: 10 Minuten
Kochzeit: 20 Minuten

So geht's

1. Heize den Backofen bei 180 °C vor.

2. Wasche den **Reis** und lasse ihn abtropfen.

3. Setze in einem Topf (oder Reiskocher) den Reis auf, mit **Wasser**, **Kokosmilch**, **Zucker** und einer Prise Salz.

4. Lasse bei niedriger Hitze köcheln, bis der Reis weich und die Flüssigkeit aufgesogen ist.

5. Schneide unterdessen mit einem Sparschäler oder Messer Zesten aus der **Limettenschale**, also feine, dünne Streifen.

6. Nimm den Topf vom Herd. Rühre die feinen Streifen der Limettenschale unter.

7. Fette eine Backform leicht ein. Gib den Reismix hinein und streiche ihn glatt.

8. Backe im vorgeheizten Ofen etwa 20 Minuten, bis die Oberfläche leicht golden ist.

9. Bestreue den Reiskuchen vor dem Servieren mit **Kokosflocken**.

Tipp: Für einen intensiveren Geschmack bestreiche den Kuchen mit einer dünnen Schicht Kokoscreme und garniere ihn mit gerösteten Kokosflocken.

Schokoladen-Brownies

mit Walnüssen

Diese Brownies sind ein echter Klassiker unter den Süßspeisen, der durch seine unwiderstehliche Kombination aus intensiver Schokolade und dem nussigen Crunch der Walnüsse besticht.

Für zwei Personen

100 g Zartbitterschokolade

100 g Zucker

75 g Butter

50 g Mehl

30 g Walnüsse

1 großes Ei

Nährwert

ca. 510 kcal pro Person

Zeiten

Zubereitung: 15 Minuten
Kochzeit: 25 Minuten

6

So geht's

1. Heize den Ofen auf 175 °C (Umluft 155 °C) vor.
2. Brich die **Schokolade** in Stücke. Schmilz sie zusammen mit der **Butter** in einem Wasserbad. Lasse die Mischung etwas abkühlen.
3. Schlage das **Ei** mit dem **Zucker** und einer Prise Salz schaumig.
4. Füge die geschmolzene Schokoladen-Butter-Mischung hinzu. Rühre gut um.
5. Siebe das **Mehl** dazu. Verrühre alles zu einem glatten Teig.
6. Hacke grob die **Walnüsse**. Arbeite sie vorsichtig in den Teig ein.
7. Fette die Backform ein. Verteile den Teig gleichmäßig darin.
8. Backe die Brownies ca. 25 Minuten. Der Kern sollte noch etwas feucht sein.
9. Lasse sie in der Form abkühlen, bevor du sie in Stücke schneidest.

Tipp: Für extra saftige Brownies füge einen Esslöffel Ahornsirup zum Teig hinzu. Dies verleiht eine subtile Süße und Feuchtigkeit.

Tiramisu im Glas

mit Espresso und Mascarpone

Tiramisu im Glas ist eine elegante und zugleich praktische Variante des traditionellen italienischen Desserts, perfekt portioniert für einen individuellen Genuss.

Für zwei Personen

250 g Mascarpone

100 g Löffelbiskuits

100 ml Espresso

50 g Zucker

2 Eigelbe

Kakao zum Bestäuben

Nährwert

ca. 770 kcal pro Person

Zeiten

Zubereitung: 25 Minuten
Kühlzeit: mind. 4 Stunden

6

So geht's

1. Bereite einen **Espresso** zu und lasse ihn abkühlen.

2. Schlage in einer mittelgroßen Schüssel die **Eigelbe** mit dem **Zucker** auf, bis die Mischung hell und cremig ist.

3. Füge den **Mascarpone** hinzu. Mixe weiter, bis alles gut vermischt ist.

4. Tauche die **Löffelbiskuits** kurz in den Espresso. Schichte sie dann in die Gläser.

5. Verteile eine Schicht der Mascarpone-Creme auf den Biskuits.

6. Wiederhole die Schichtung, bis die Gläser voll sind. Beende mit einer Schicht Creme.

7. Stelle die Gläser für mindestens 4 Stunden in den Kühlschrank, damit das Tiramisu fest wird.

8. Bestäube das Tiramisu vor dem Servieren mit **Kakao**.

Tipp: Für ein besonders aromatisches Erlebnis gib eine dünne Schicht fein geriebene, dunkle Schokolade zwischen die Mascarpone-Creme und die Löffelbiskuits.

Panna Cotta

mit Mangopüree

Dieses elegante, cremige Dessert aus Italien kombiniert die samtige Textur der Panna Cotta (gekochte Sahne) mit der frischen, exotischen Süße von Mangopüree.

Für zwei Personen

200 ml Sahne

50 ml Milch

30 g Zucker

1 reife Mango

1 EL Zitronensaft

1 Blatt Gelatine

einige Minzblätter

Nährwert

ca. 500 kcal pro Person

Zeiten

Zubereitung: 20 Minuten
Kühlzeit: mind. 4 Stunden

7

So geht's

1. Weiche die **Gelatine** in kaltem Wasser ein.
2. Erhitze **Sahne**, **Milch** und **Zucker** in einem Topf, bis der Zucker sich vollständig aufgelöst hat. Nicht kochen lassen!
3. Drücke die Gelatine aus. Löse sie in der warmen Sahne-Milch-Mischung auf.
4. Fülle die Mischung in kleine Gläser. Stelle sie für mindestens 4 Stunden kalt.
5. **Mangopüree:** Schäle die **Mango**. Schneide das Fruchtfleisch vom Stein. Püriere es zusammen mit dem **Zitronensaft**.
6. Kühle das Mangopüree bis zum Servieren.
7. Garniere die Panna Cotta mit Mangopüree und **Minzblättern**.

Tipp: Für eine exotische Note verfeinere das Mangopüree mit Kokosflocken und Pistazien.

Heidelbeer-Mug-Cake

mit Honig

Der Heidelbeer-Mug-Cake (Becherkuchen) mit Honig ist ein blitzschnelles und unwiderstehlich leckeres Dessert, das in weniger als zehn Minuten zubereitet und serviert werden kann.

Für zwei Personen

Heidelbeeren (auch gefroren)

100 ml Milch

8 EL Weizenmehl (ca. 80 g)

4 EL Zucker (ca. 50 g)

2 EL Sonnenblumenöl

2 TL Honig

½ TL Backpulver

½ TL Vanilleextrakt

Nährwert

ca. 460 kcal pro Person

Zeiten

Zubereitung: 5 Minuten
Kochzeit: 2 Minuten

8

So geht's

1. Nimm für jede Person eine mikrowellengeeignete Tasse. Vermische in jeder Tasse 4 EL **Mehl**, 2 EL **Zucker**, ¼ TL **Backpulver** und eine Prise Salz.

2. Gib 50 ml **Milch**, 1 EL **Sonnenblumenöl** und einige Tropfen **Vanilleextrakt** dazu. Rühre alles zu einem glatten Teig.

3. Verteile die **Heidelbeeren** gleichmäßig auf die Tassen.

4. Stelle die Tassen nacheinander für jeweils etwa 1 Minute und 30 Sekunden bei höchster Stufe in die Mikrowelle, bis der Teig aufgegangen ist.

5. Gieße etwas **Honig** über die fertigen Mug Cakes und serviere sie warm.

Tipp: Für eine Extranote füge eine Prise Zimt zum Teig hinzu oder garniere den fertigen Mug Cake mit gehackten Nüssen für einen knusprigen Kontrast.

Hausgemachte Donuts

mit Zuckerguss und Streuseln

Dieses Rezept bringt den Spaß der Donut-Erstellung in deine Küche mit einem einfachen, aber köstlichen Ergebnis. Es kann als Basis für weitere, fantasievolle Variationen dienen.

Für zwei Personen

150 g Weizenmehl
75 ml Milch
30 g Butter
30 g Zucker
1 TL Backpulver
1 Ei

Für den Zuckerguss:
100 g Puderzucker
1-2 EL Milch
bunte Streusel

Nährwert

ca. 380 kcal pro Person

Zeiten

Zubereitung: 15 Minuten
Kochzeit: 20 Minuten

8

So geht's

1. Vermische in einer Schüssel das **Mehl**, den **Zucker**, das **Backpulver** und eine Prise Salz.

2. Bringe die **Butter** in einem Topf zum Schmelzen.

3. Schlage das **Ei** auf. Füge es zusammen mit der **Milch** und der geschmolzenen Butter zu den trockenen Zutaten hinzu. Rühre alles zu einem glatten Teig.

4. Heize das Öl in einer Fritteuse oder in einer tiefen Pfanne auf mittlere Hitze vor.

5. Rolle den Teig auf einer leicht bemehlten Fläche aus. Stich die Donuts mit einer Ausstechform oder einem Glas aus.

6. Frittiere die Donuts in kleinen Ladungen, bis sie goldbraun sind. Lasse sie anschließend auf Küchenpapier abtropfen.

7. Bereite den Zuckerguss vor, indem du **Puderzucker** und Milch verrührst, bis eine glatte Masse entsteht.

8. Tauche die abgekühlten Donuts hinein und bestreue sie mit **bunten Streuseln**.

9. Lasse den Zuckerguss trocknen, bevor du die Donuts servierst.

Tipp: Füge dem Teig einen halben Teelöffel Zimt hinzu oder aromatisiere den Zuckerguss mit Vanilleextrakt für einen besonderen Geschmackstwist.

Vegane Blaubeer-Cheesecake-Bars

mit Kokosöl und Ahornsirup

Dieses herrlich cremige Dessert kommt ohne tierische Produkte aus. Wenn Cashewnüsse eingeweicht und püriert werden, erhalten sie eine käseähnliche Textur.

Für zwei Personen

Für den Boden:
100 g Haferflocken (ggf. glutenfrei)
50 g Mandeln
2 EL Kokosöl
2 EL Ahornsirup

Für die Füllung:
150 g Cashewnüsse
100 g Blaubeeren
2 EL Kokosöl
2 EL Ahornsirup
1 TL Vanilleextrakt
Saft einer halben Zitrone

Nährwert

ca. 980 kcal pro Person

Zeiten

Zubereitung: 4 Stunden
Kühlzeit: mind. 4 Stunden

8

So geht's

1. Weiche die **Cashewnüsse** mindestens 4 Stunden in Wasser ein.

2. **Boden:** Gib **Mandeln** und **Haferflocken** in einen Mixer und verarbeite sie zu einem groben Mehl. Gib **Kokosöl** und **Ahornsirup** hinzu. Mixe erneut, bis eine klebrige Masse entsteht.

3. Lege Backpapier in einer Backform aus. Verteile die Mischung gleichmäßig und drücke sie fest an.

4. **Füllung:** Lasse die Cashewnüsse abtropfen. Gib sie zusammen mit **Blaubeeren**, Kokosöl, Ahornsirup, **Vanilleextrakt** und **Zitronensaft** in den Mixer. Mixe, bis eine glatte, cremige Masse entsteht.

5. Verteile die Füllung gleichmäßig auf dem Boden. Streiche sie glatt.

6. Stelle die Bars in den Kühlschrank. Kühle sie dort mindestens 4 Stunden, am besten über Nacht, bis sie fest sind.

7. Schneide in Bars (Riegel) und genieße.

Tipp: Für eine zusätzlichen Crunch bestreue die fertigen Bars vor dem Servieren mit gerösteten Mandelsplittern und einigen frischen Blaubeeren.

Bananensplit

mit hausgemachtem Schokoladensirup

Durch die Herstellung des Schokoladensirups von Grund auf wird jedes Dessert zu einem persönlichen Meisterwerk, das die Sinne verwöhnt und die einfache Freude am Genuss zelebriert.

Für zwei Personen

2 Bananen

4 Kugeln Vanilleeis

50 g dunkle Schokolade

50 ml Sahne

2 EL Zucker

1 TL Vanilleextrakt

Schlagsahne (nach Belieben)

Kirschen

Zimt zum Garnieren

Nährwert

ca. 640 kcal pro Person

Zeiten

Zubereitung: 10 Minuten
Kochzeit: 5 Minuten

9

So geht's

1. Brich die **Schokolade** in kleine Stücke. Lasse sie zusammen mit der **Sahne** und dem **Zucker** in einem kleinen Topf bei niedriger Hitze schmelzen.

2. Rühre **Vanilleextrakt** ein. Nimm die Schokolade vom Herd, sobald sie geschmolzen ist.

3. Halbiere die **Bananen** längs. Lege sie auf zwei Teller.

4. Setze je zwei Kugeln **Vanilleeis** zwischen die Bananenhälften.

5. Gieße den warmen Schokoladensirup über das Eis und die Bananen.

6. Garniere mit **Schlagsahne**, **Zimt** und **Kirschen**.

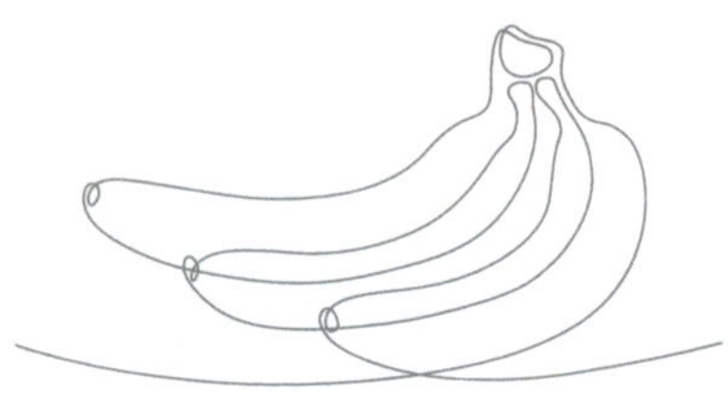

Tipp: Füge eine Prise Meersalz zum Schokoladensirup hinzu, um die Süße zu intensivieren und einen Hauch von Komplexität zu verleihen.

Gefüllte Datteln

mit Ziegenkäse und Walnuss

Diese elegante, leicht zuzubereitende Delikatesse verbindet die natürliche Süße der Datteln mit der samtigen Textur des Ziegenkäses und dem knackigen Biss der Walnüsse.

Für zwei Personen

12 Datteln

12 Walnusshälften

60 g Ziegenfrischkäse

optional: 2 EL Honig

Nährwert

ca. 290 kcal pro Person

Zubereitungszeit

10 Minuten

So geht's

1. Befreie jede **Dattel** von ihrem Kern. Mache dazu einen kleinen seitlichen Schnitt und drücke den Kern heraus.

2. Schlitze die Datteln vorsichtig auf einer Seite auf, um eine Öffnung für die Füllung zu schaffen.

3. Verwende einen kleinen Löffel, um jede Dattel mit **Ziegenkäse** zu füllen.

4. Lege in jede gefüllte Dattel eine **Walnusshälfte**.

5. Drapiere die gefüllten Datteln auf einer Servierplatte.

6. Optional kannst du die Datteln mit **Honig** beträufeln und leicht salzen.

Tipp: Für eine rauchige Note umwickle die gefüllten Datteln mit einer dünnen Scheibe Speck und backe sie kurz im Ofen, bis der Speck knusprig ist.

Geröstete Kürbiskerne

mit Honig und Zimt

Dieser Snack passt zu jeder Tageszeit und Jahreszeit. Die süße und würzige Kombination ist nicht nur unwiderstehlich lecker, sondern auch nahrhaft und gesund.

Für zwei Personen

200 g Kürbiskerne

2 EL Honig (ggf. Ahornsirup)

1/2 TL Zimt

Nährwert

ca. 530 kcal pro Person

Zeiten

Zubereitung: 5 Minuten
Kochzeit: 20 Minuten

3

So geht's

1. Heize deinen Ofen auf 160 °C vor. Lege das Backblech mit Backpapier aus.

2. Gib die **Kürbiskerne** in eine große Schüssel.

3. Erwärme den **Honig** leicht in der Mikrowelle, damit er flüssiger wird.

4. Gieße den Honig über die Kürbiskerne. Füge den **Zimt** sowie eine Prise Salz hinzu.

5. Vermische alles gründlich, sodass die Kürbiskerne gleichmäßig mit der Honig-Zimt-Mischung bedeckt sind.

6. Verteile die Kürbiskerne in einer einzigen Schicht auf dem Backblech.

7. Röste die Kürbiskerne etwa 20 Minuten im Ofen, bis sie goldbraun sind. Rühre sie nach 10 Minuten einmal um.

8. Lasse die Kürbiskerne nach dem Rösten etwas abkühlen, bevor du sie servierst.

Tipp: Für einen zusätzlichen Kick füge eine Prise Cayennepfeffer hinzu. Dies verleiht den Kürbiskernen eine angenehme Schärfe.

Knusprige Süßkartoffelchips

mit Meersalz

Dieser Snack ist eine hervorragende Alternative zu herkömmlichen Kartoffelchips und bietet einen süßlich-würzigen Geschmack, der durch das Meersalz perfekt hervorgehoben wird.

Für zwei Personen

2 mittelgroße Süßkartoffeln

2 EL Olivenöl

1 TL Meersalz

Nährwert

ca. 250 kcal pro Person

Zeiten

Zubereitung: 10 Minuten
Kochzeit: 25 Minuten

3

So geht's

1. Heize den Backofen auf 200 °C vor.

2. Wasche die **Süßkartoffeln** gründlich. Schneide sie in sehr dünne Scheiben.

3. Gib die Scheiben in eine Schüssel. Füge das **Olivenöl** hinzu. Vermische alles gut, sodass jede Scheibe leicht mit Öl bedeckt ist.

4. Lege ein Backblech mit Backpapier aus. Verteile die Süßkartoffelscheiben darauf. Achte darauf, dass sie nicht übereinanderliegen, damit sie gleichmäßig knusprig werden.

5. Bestreue die Scheiben gleichmäßig mit **Meersalz**.

6. Backe die Chips im vorgeheizten Ofen 20 bis 25 Minuten, bis sie knusprig und leicht gebräunt sind. Wende die Chips einmal nach der Hälfte der Zeit, damit sie gleichmäßig garen.

7. Nimm die Chips aus dem Ofen. Lasse sie vor dem Servieren kurz abkühlen.

Tipp: Für zusätzliche Würze bestreue die Chips vor dem Backen mit etwas Paprikapulver oder Cayennepfeffer. Dies gibt den Chips eine angenehme Schärfe.

Fruchtspieße

mit Schokoladen-Dip

Je nach Jahreszeit kannst du die Früchte auf den Spießen variieren. Wusstest du, dass die Quelle der Schokolade, der Kakaobaum, als Geschenk der Götter angesehen wurde?

Für zwei Personen

100 g dunkle Schokolade (mit mindestens 70 % Kakao, ggf. vegane Schokolade)

8 Erdbeeren

1 Banane

1 Kiwi

2 EL Kokosöl

optional: gehackte Nüsse oder Kokosraspel zur Dekoration

Nährwert

ca. 440 kcal pro Person

Zeiten

Zubereitung: 15 Minuten
Kochzeit: 5 Minuten

5

So geht's

1. Schneide die **Banane** und **Kiwi** in Scheiben. Halbiere die **Erdbeeren**.

2. Stecke die Früchte abwechselnd auf die Spieße.

3. **Schokoladen-Dip:** Brich die **Schokolade** in Stücke. Schmilz sie zusammen mit dem **Kokosöl** im Wasserbad oder in der Mikrowelle.

4. Tauche die Fruchtspieße in die geschmolzene Schokolade oder beträufle sie damit.

5. Lege die Schokoladen-Fruchtspieße auf Backpapier oder einen Teller. Streue optional **gehackte Nüsse** oder **Kokosraspel** darüber.

6. Lasse die Schokolade fest werden, bevor du servierst.

Tipp: Für einen exotischen Twist beträufle die fertigen Spieße mit einem Hauch von dunklem Balsamico-Essig.

Wassermelonen-Pizza

mit Früchten und Joghurt

Dieses Gericht ist eine innovative und gesunde Variante der traditionellen Pizza. Anstelle von Teig verwendet man eine dicke Scheibe Wassermelone als Basis und belegt diese mit leckeren Früchten und einem Klecks Joghurt.

Für zwei Personen

1 gr. Scheibe Wassermelone (ca. 2 cm dick)

100 g griechischer Joghurt (oder vegane Alternative)

50 g frische Beeren (z. B. Erdbeeren, Blaubeeren)

1 Kiwi

2 EL Honig (Veganer: Ahornsirup)

frische Minzblätter

Nährwert

ca. 190 kcal pro Person

Zubereitungszeit

10 Minuten

6

So geht's

1. Lege eine große Scheibe **Wassermelone** auf ein breites Schneidebrett.

2. Verteile den **griechischen Joghurt** gleichmäßig auf der Wassermelone. Lasse dabei einen kleinen Rand frei.

3. Schäle die **Kiwi**. Schneide sie dann in Scheiben.

3. Belege die Joghurtschicht mit den frischen **Beeren**, Kiwischeiben und **Minzblättern**.

4. Beträufle die Pizza mit **Honig** oder Ahornsirup für eine süße Note.

5. Schneide die belegte Wassermelone vorsichtig in Pizzastücke.

6. Serviere sofort und genieße die frische Kombination.

Tipp: Füge ein wenig geröstete Kokosflocken oder gehackte Nüsse hinzu, um einen knusprigen Kontrast zu den weichen Früchten und dem cremigen Joghurt zu schaffen.

Mediterrane Bruschetta

mit Tomaten, Knoblauch und Basilikum

Ursprünglich war die Bruschetta nur ein Weg, um altes Brot wieder genießbar zu machen. Heute ist sie weltweit beliebt für ihre einfache Zubereitung und die Möglichkeit, frische Zutaten zu verwenden.

Für zwei Personen

4 Scheiben Baguette (oder Ciabatta)

4 große reife Tomaten

2 Knoblauchzehen

2 EL Olivenöl Extra Vergine

kleines Bündel Basilikum

frisch gemahlener schwarzer Pfeffer

optional: 1 TL Balsamico-Essig

Nährwert

ca. 530 kcal pro Person

Zeiten

Zubereitung: 10 Minuten
Kochzeit: 5 Minuten

6

So geht's

1. Würfle die **Tomaten**. Hacke das **Basilikum** grob und die **Knoblauchzehen** fein.

2. Gib alles in eine große Schüssel. Salze und pfeffere mit dem frisch gemahlenen **schwarzen Pfeffer** nach Geschmack.

3. Röste die **Ciabatta- oder Baguettescheiben** in einer Grillpfanne oder im Toaster, bis sie goldbraun und knusprig sind.

4. Träufle das **Olivenöl** über die Tomatenmischung und mische gut. Füge optional einen Teelöffel **Balsamico-Essig** hinzu.

5. Verteile die Tomatenmischung gleichmäßig auf den gerösteten Brotscheiben. Serviere sofort.

Tipp: Für eine geschmackliche Tiefe röste den Knoblauch leicht in Olivenöl, bevor du ihn zu den Tomaten hinzufügst.

Cremiger Vanillepudding

mit gerösteten Haselnüssen und Karamellsauce

Dieser Vanillepudding vereint die feine Süße der Vanille mit dem nussigen Crunch der Haselnüsse und der reichhaltigen Note der Karamellsauce zu einem Dessert, das Geschmacksvielfalt in jedem Löffel bietet.

Für zwei Personen

500 ml Milch

160 g Zucker

100 g Haselnüsse

50 ml Schlagsahne

30 g Butter

30 g Speisestärke

(ggf. glutenfreie Maisstärke)

1 Vanilleschote

Nährwert

ca. 850 kcal pro Person

Zeiten

Zubereitung: 15 Minuten
Kochzeit: 30 Minuten

7

So geht's

1. Röste die **Haselnüsse** in einer Pfanne ohne Fett auf mittlerer Hitze, bis sie duften. Lege sie anschließend beiseite.

2. Erhitze **Milch** in einem Topf. Schneide die **Vanilleschote** längs auf, kratze das Mark heraus und gib beides zur Milch.

3. Mische 60 g **Zucker** und die **Speisestärke** in einer kleinen Schüssel. Gib ein paar Esslöffel der warmen Milch dazu und rühre die Mischung glatt.

4. Gib die Mischung in den Topf. Koche unter ständigem Rühren, bis der Pudding eindickt. Dann nimm ihn vom Herd und rühre die **Butter** unter.

5. **Karamellsauce:** Schmilz in einer Pfanne 100 g Zucker, bis er goldbraun ist. Rühre vorsichtig die **Sahne** ein.

6. Fülle den Pudding in Schalen. Bestreue ihn mit Haselnüssen. Serviere ihn mit der Karamellsauce.

Tipp: Für eine besonders cremige Konsistenz des Puddings rühre ein Eigelb in die Milch ein, bevor du sie erhitzt.

Fluffiger Bananenpfannkuchen

mit Ahornsirup und Pekannüssen

Dieser köstliche Snack vereint süße und nussige Aromen. Die Bananen dienen nicht nur als natürliches Süßungsmittel, sondern erhöhen auch die Fluffigkeit, da sie beim Backen eine feuchte Textur beibehalten.

Für zwei Personen

100 ml Milch

100 g Mehl (ggf. glutenfrei)

30 g Pekannüsse, gehackt

2 Eier

1 große, reife Banane

½ TL Backpulver

Butter zum Anbraten

Ahornsirup

Nährwert

ca. 440 kcal pro Person

Zeiten

Zubereitung: 10 Minuten
Kochzeit: 15 Minuten

8

So geht's

1. Zerdrücke die **Banane** in einer Schüssel mit einer Gabel oder einem Pürierstab.

2. Füge die **Eier** hinzu und verquirle sie mit der Banane.

3. Mische **Mehl**, **Backpulver** und Salz in einer separaten Schüssel. Rühre sie in die Bananen-Ei-Mischung ein.

4. Verdünne den Teig mit der **Milch** bis zur gewünschten Konsistenz.

5. Heize eine Pfanne bei mittlerer Hitze auf. Gib ein wenig **Butter** hinein.

6. Gib für jeden Pfannkuchen etwa eine Schöpfkelle Teig in die Pfanne.

7. Streue einige gehackte **Pekannüsse** auf jeden Pfannkuchen, bevor er fest wird.

8. Brate die Pfannkuchen, bis sie auf der Unterseite goldbraun sind. Dann wende sie und brate die andere Seite fertig.

9. Serviere die Pfannkuchen warm mit **Ahornsirup**.

Tipp: Füge eine Prise Zimt oder Vanilleextrakt zum Teig hinzu, um den Pfannkuchen eine zusätzliche Geschmacksdimension zu verleihen.

Pikanter Gemüsepfannkuchen

mit Kräuterdip

Dieses Gericht kombiniert die Leichtigkeit von Pfannkuchen mit der Frische von saisonalem Gemüse und wird durch einen aromatischen Kräuterdip abgerundet.

Für zwei Personen

200 g Naturjoghurt
150 ml Milch
100 g Mehl
1 rote Paprika
1 kleine Zucchini
1 kleine Karotte
1 Ei
2 EL Olivenöl
frische Kräuter
(Petersilie, Schnittlauch)
optional: Knoblauchpulver

Nährwert

ca. 480 kcal pro Person

Zeiten

Zubereitung: 15 Minuten
Kochzeit: 20 Minuten

9

So geht's

1. Vermische in einer Schüssel das **Mehl**, das **Ei**, die **Milch** und eine Prise Salz zu einem glatten Teig.
2. Heize eine Pfanne mit einem Esslöffel **Olivenöl** bei mittlerer Hitze vor.
3. Rasple die **Zucchini**, **Paprika** und **Karotte** fein. Gib das Gemüse in den Teig. Rühre gut um.
4. Gieße eine Kelle des Teigs in die heiße Pfanne. Verteile ihn gleichmäßig. Backe den Pfannkuchen von beiden Seiten goldbraun.
5. Wiederhole den Vorgang, bis der Teig aufgebraucht ist.
6. **Kräuterdip:** Hacke die **frischen Kräuter** fein. Vermische sie mit dem **Naturjoghurt**. Würze mit Salz, Pfeffer und optional **Knoblauchpulver**.
7. Serviere die Gemüsepfannkuchen warm mit dem Kräuterdip.

Tipp: Für eine würzige Note füge etwas Chili oder Currypulver dem Pfannkuchenteig hinzu. Ein Hauch von Zitronenschale im Kräuterdip bringt eine frische Geschmacksnote.

Quinoa-Salat im Glas

mit Gemüse und Feta

Quinoa, einst als »Gold der Inka« bezeichnet, ist bekannt für ihren hohen Eiweißgehalt und ihre Vollständigkeit der Aminosäuren. Kombiniert mit frischem Gemüse und cremigem Feta ergibt sich ein schmackhaftes und sättigendes Gericht.

Für zwei Personen

200 ml Gemüsebrühe
100 g Quinoa
100 g Feta
1 rote Paprika
1 Karotte
1 kleine Zucchini
1 kleine rote Zwiebel
2 EL Olivenöl
Saft von 1 Zitrone
frische Kräuter (zum Beispiel Petersilie oder Koriander)

Nährwert

ca. 510 kcal pro Person

Zeiten

Zubereitung: 15 Minuten
Kochzeit: 15 Minuten

10

So geht's

1. Spüle die **Quinoa** unter fließendem Wasser ab, um die bitter schmeckenden Pflanzenstoffe zu entfernen.

2. Gieße die **Gemüsebrühe** in einen Topf.

3. Koche die Quinoa in der Gemüsebrühe gemäß Packungsanleitung, bis sie weich ist und die Flüssigkeit aufgesogen hat. Lasse sie abkühlen.

4. Schneide in der Zwischenzeit die **Zwiebel** klein. Schneide die **Paprika**, die **Zucchini** und den **Feta** in Würfel. Reibe die **Karotte**. Hacke die **Kräuter**.

5. Erhitze das **Olivenöl** in der Pfanne. Dünste darin die Paprika, Zucchini, Karotte und Zwiebel, bis sie weich, aber noch bissfest sind.

6. Würze das Gemüse mit Salz und Pfeffer.

7. Vermische in einer Schüssel die abgekühlte Quinoa, das Gemüse, den Feta, **Zitronensaft** und die frischen Kräuter. Schmecke den Salat ab.

8. Fülle ihn dann in Gläser und verschließe sie. Bewahre sie bis zum Verzehr im Kühlschrank auf.

Tipp: Für einen zusätzlichen Crunch füge geröstete Sonnenblumenkerne oder Kürbiskerne hinzu.

Blätterteigstangen

mit Sesam und Parmesan

Diese Blätterteigstangen sind eine elegante Ergänzung zu jeder Party. Die Kombination aus dem knusprigen Blätterteig, dem herzhaften Parmesan und dem nussigen Sesam schafft ein vielseitiges Geschmackserlebnis.

Für zwei Personen

1 Rolle Blätterteig (ca. 270 g)

50 g Parmesan

30 g Sesamsamen

1 Ei (zum Bestreichen)

Nährwert

ca. 480 kcal pro Person

Zeiten

Zubereitung: 10 Minuten
Kochzeit: 15-20 Minuten

4

So geht's

1. Belege ein Backblech mit Backpapier. Heize den Ofen auf 200 °C vor.
2. Reibe den **Parmesan**.
3. Rolle den **Blätterteig** aus. Schneide ihn in etwa 1 cm breite Streifen.
4. Schlage das **Ei** in einer kleinen Schüssel auf. Verquirle es leicht.
5. Bestreiche die Blätterteigstreifen mit dem verquirlten Ei.
6. Streue den geriebenen Parmesan und die **Sesamsamen** gleichmäßig über die Streifen. Gib eine kleine Prise Salz darüber.
7. Verdrehe jeden Streifen ein paar Mal. Lege sie auf das vorbereitete Backblech.
8. Backe die Stangen im vorgeheizten Ofen 15 bis 20 Minuten, oder bis sie goldbraun und knusprig sind.
9. Lasse die Stangen vor dem Servieren etwas abkühlen.

Tipp: Für extra Würze füge eine kleine Prise Paprikapulver oder getrockneten Thymian zu den Sesamsamen hinzu, bevor du sie auf den Teig streust.

Rustikale Käseplatte

mit Trauben, Nüssen und Honig

Diese Kombination ist mehr als nur eine Mahlzeit, denn sie ist ein Zusammenspiel aus reichen Aromen und Texturen, die sowohl den Gaumen als auch den Geist erfreuen.

Für zwei Personen

200 g gemischter Käse (z. B. Gouda, Blauschimmel, Brie)

grüne oder dunkle Weintrauben

Walnüsse

Mandeln

Honig

Nährwert

Die genaue Kalorienzahl kann je nach Käsesorte und Portionsgröße variieren.

Zubereitungszeit

10 Minuten

5

So geht's

1. Wähle ein großes Schneidebrett als Unterlage.
2. Schneide die verschiedenen **Käsesorten** in mundgerechte Stücke.
3. Wasche die **Trauben** und teile sie in kleine Büschel.
4. Verteile die Käsestücke und Trauben abwechselnd auf der Servierplatte.
5. Gib die **Walnüsse** und **Mandeln** dazu.
6. Träufle **Honig** über einige Käsestücke.
7. Serviere sofort.

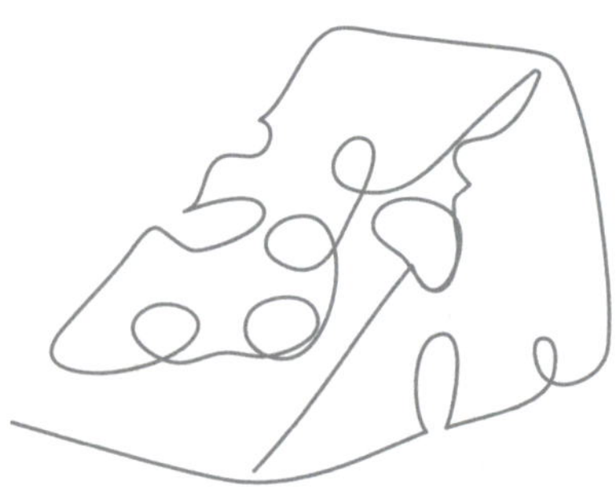

Tipp: Für einen frischen, aromatischen Kick gib etwas frisch geriebene Zitronenschale über den Käse und garniere mit ein paar frischen Thymianblättern.

Garnelen-Cocktail

mit Avocado und Zitronen-Dill-Sauce

Dieses Gericht ist von der Küstenküche inspiriert. Die Zitronen-Dill-Sauce bringt eine erfrischende Säure und Kräuterfrische, die den Geschmack der Garnelen perfekt ergänzt.

Für zwei Personen

200 g Garnelen

1 reife Avocado

1 Zitrone (Saft und Abrieb)

1 Knoblauchzehe

2 EL frischer Dill

2 EL Olivenöl

1 TL Senf

Nährwert

ca. 340 kcal pro Person

Zeiten

Zubereitung: 15 Minuten
Kochzeit: 5 Minuten

7

So geht's

1. Schäle die **Garnelen** und entdarme sie. Hacke den **Dill** und die **Knoblauchzehe** fein.

2. Erhitze eine Pfanne bei mittlerer Hitze. Füge 1 EL Olivenöl hinzu.

3. Brate die Garnelen etwa 2-3 Minuten auf jeder Seite, bis sie rosa und durchgegart sind. Würze sie mit Salz und Pfeffer.

4. Nimm die Garnelen aus der Pfanne und stelle sie beiseite.

5. Halbiere die **Avocado** und entferne den Kern. Schneide das Fruchtfleisch in Würfel.

6. Presse den Saft der **Zitrone** aus und reibe etwas von der Schale ab.

7. **Zitronen-Dill-Sauce:** Mische in einer Schüssel den Zitronensaft, Zitronenabrieb, **Senf**, gehackten Dill, fein gehackten Knoblauch und das restliche **Olivenöl**. Würze mit Salz und Pfeffer.

8. Hebe die Garnelen und die Avocadowürfel vorsichtig unter die Sauce.

9. Richte den Garnelen-Cocktail in Gläsern oder auf Tellern an. Serviere ihn sofort.

Tipp: Für ein noch intensiveres Geschmackserlebnis füge etwas geräucherten Paprika zu der Sauce hinzu. Dies verleiht dem Gericht eine subtile Rauchnote.

Selbstgemachte Nachos

mit Käse-Salsa-Dip

Unsere Version der selbstgemachten Nachos mit Käse-Salsa-Dip schlägt eine Brücke zwischen der Tradition und der modernen Küche, die Wert auf Frische und Qualität der Zutaten legt.

Für zwei Personen

200 g Maismehl
120 ml Wasser
100 g Cheddar-Käse
100 ml Milch
2 Tomaten
1 kleine Zwiebel
1 EL Olivenöl
optional: 1 Jalapeño
optional: frischer Koriander

Nährwert

ca. 690 kcal pro Person

Zeiten

Zubereitung: 15 Minuten
Kochzeit: 20 Minuten

So geht's

1. Reibe den **Käse**. Würfle die **Tomaten**. Schneide die **Zwiebel** fein.

2. **Teig:** Vermische in einer mittelgroßen Schüssel das **Maismehl**, **Wasser**, **Olivenöl** und Salz, bis ein glatter Teig entsteht.

3. **Nachos:** Rolle den Teig auf einem mit Backpapier ausgelegten Backblech dünn aus. Schneide ihn in Dreiecke.

4. Backe die Nachos bei 180 °C etwa 20 Minuten, bis sie goldbraun und knusprig sind.

5. **Käse-Salsa-Dip:** Erhitze in einem Topf die **Milch** und füge den geriebenen Käse hinzu. Rühre stetig, bis der Käse geschmolzen ist.

6. Gib die gewürfelten Tomaten, Zwiebeln, **Jalapeño** (optional) und **Koriander** in die Käse-Mischung. Koche unter Rühren für weitere 5 Minuten.

7. Gib den Käse-Salsa-Dip in eine Schüssel und serviere ihn warm mit den knusprigen Nachos.

Tipp: Für einen intensiveren Geschmack des Käse-Salsa-Dips füge einen Teelöffel geräucherten Paprika zum Käse-Milch-Gemisch hinzu.

Mini-Cheesecakes
mit verschiedenen Toppings

Mini-Cheesecakes mit verschiedenen Toppings sind perfekt für Partys oder als elegantes Dessert und lassen sich wunderbar im Voraus zubereiten.

Für zwei Personen

200 g Frischkäse

100 g Kekskrümel (z. B. Butterkekse)

50 g Zucker

30 g Butter

1 Ei

1 TL Vanilleextrakt

verschiedene Toppings nach Wunsch, zum Beispiel frische Beeren, Fruchtmarmelade, Schokoladensauce

Nährwert

ca. 490 kcal pro Person

Zeiten

Zubereitung: 15 Minuten
Kochzeit: 20 Minuten

9

So geht's

1. Nimm den **Frischkäse** und das **Ei** aus dem Kühlschrank. Sie sollen Raumtemperatur annehmen.

2. Heize den Ofen auf 160 °C vor.

3. Bringe die **Butter** in einem Topf zum Schmelzen.

4. Mische die **Kekskrümel** mit der geschmolzenen Butter.

5. Drücke die Mischung in die Vertiefungen einer Muffinform, um den Boden zu bilden.

6. Schlage den Frischkäse mit dem **Zucker** glatt. Füge das Ei und den **Vanilleextrakt** hinzu. Mixe, bis eine homogene Masse entsteht.

7. Verteile die Frischkäsemasse auf den vorbereiteten Böden.

8. Backe die Mini-Cheesecakes 20 Minuten oder bis die Mitte fast gestockt ist.

9. Lasse die Cheesecakes vollständig abkühlen.

10. Dekoriere sie dann mit deinen gewählten **Toppings**.

Tipp: Für ein intensiveres Aroma füge der Frischkäsemasse ein wenig Zitronen- oder Orangensaft hinzu.

Saurer Kirsch-Soda-Spritzer

mit einem Hauch von Vanille

Dieses Getränk verbindet die lebhafte Säure der Kirschen mit der subtilen Süße der Vanille. Diese elegante Geschmacksfusion wirkt sowohl belebend als auch beruhigend.

Für zwei Personen

400 ml Sprudelwasser

200 ml saurer Kirschsaft

½ Vanilleschote

Eiswürfel

optional: 2 TL Zucker oder Honig für zusätzliche Süße

Nährwert

ca. 80 kcal pro Person

Zubereitungszeit

5 Minuten

So geht's

1. Halbiere die **Vanilleschote** der Länge nach.
2. Kratze mit der Messerspitze das Mark heraus.
3. Verteile das Vanillemark und die halbierten Schoten gleichmäßig auf die Gläser.
4. Füge optional **Zucker** oder Honig hinzu.
5. Gib **Eiswürfel** in die Gläser.
6. Gieße den **sauren Kirschsaft** gleichmäßig in die Gläser.
7. Fülle die Gläser mit **Sprudelwasser** auf. Rühre vorsichtig um, um alles zu vermischen.
8. Serviere sofort und genieße.

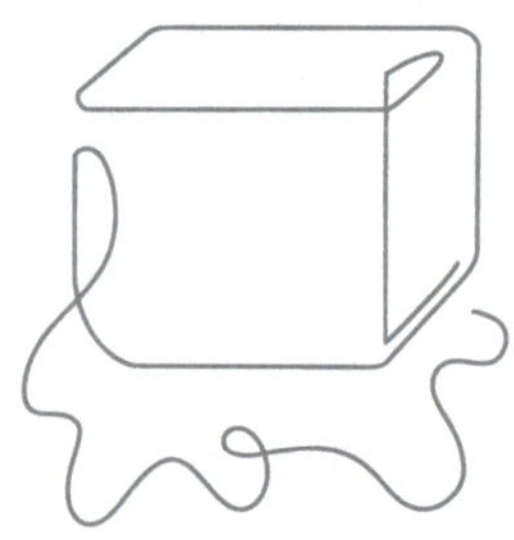

Tipp: Füge ein paar frische Minzblätter hinzu oder einen Schuss Limettensaft für eine erfrischende Note.

Mango-Maracuja-Smoothie

mit Kokoswasser

Die Mango, bekannt für ihre antioxidativen Eigenschaften, und die Maracuja, eine Vitamin-C-Bombe, machen diesen Smoothie zu einem gesunden Genuss, der Körper und Geist belebt.

Für zwei Personen

500 ml Kokoswasser

2 Maracujas (Passionsfrucht)

1 reife Mango
(ca. 200 g Fruchtfleisch)

Eiswürfel

optional: 1 EL Honig (für zusätzliche Süße)

Nährwert

ca. 150 kcal pro Person

Zubereitungszeit

10 Minuten

So geht's

1. Wasche die **Mango**. Schäle sie und schneide das Fruchtfleisch vom Kern.
2. Gib das Mango-Fruchtfleisch in einen Mixer.
3. Halbiere die **Maracujas**. Löffle das Innere direkt in den Mixer.
4. Füge das **Kokoswasser** zum Obst in den Mixer hinzu.
5. Für eine zusätzliche Süße füge auf Wunsch **Honig** hinzu.
6. Gib einige **Eiswürfel** hinzu, je nachdem wie kalt und erfrischend du deinen Smoothie magst.
7. Mixe alles auf hoher Stufe, bis der Smoothie glatt und cremig ist.
8. Gieße den Smoothie in Gläser und serviere sofort. Genieße die exotische Erfrischung!

Tipp: Für eine cremige Konsistenz füge einen Esslöffel griechischen Joghurt hinzu.

Belebender Karotten-Ingwer-Drink

mit Orangensaft

Dieser belebende Karotten-Ingwer-Drink mit Orangensaft ist nicht nur ein Geschmackserlebnis, sondern auch ein gesunder Energieschub für den Körper.

Für zwei Personen

4 mittelgroße Karotten

2 Orangen

1 kleine Ingwerknolle (ca. 2 cm)

250 ml Wasser

1 TL Honig (Veganer: Ahornsirup)

Nährwert

ca. 120 kcal pro Person

Zubereitungszeit

10 Minuten

5

So geht's

1. Wasche die **Karotten** gründlich. Schneide die Enden ab.

2. Schäle den **Ingwer**. Wasche die **Orangen**.

3. Presse die Orangen aus, um den Saft zu erhalten.

4. Gib die Karotten, den Ingwer, den Orangensaft und das **Wasser** in einen Entsafter oder Mixer.

5. Mixe alles gründlich, bis der Drink eine gleichmäßige Konsistenz hat.

6. Falls du einen Mixer verwendet hast: Seihe den Drink durch ein feinmaschiges Sieb, um die Fasern zu entfernen.

7. Schmecke den Drink mit einem Teelöffel **Honig** oder Ahornsirup ab, falls gewünscht.

8. Gieße den Drink in Gläser. Serviere ihn sofort.

Tipp: Für eine exotische Note füge eine Prise Zimt oder Kurkuma hinzu.

Alkoholfreier Mojito-Eistee

mit frischer Minze und Limette

Dieser Eistee vereint die erfrischenden Qualitäten eines klassischen Mojitos mit der Leichtigkeit und den gesundheitlichen Vorteilen von grünem Tee.

Für zwei Personen

500 ml grüner Tee

1 Limette (Saft und ein paar Streifen zur Dekoration)

2 EL Rohrzucker oder Honig

10 frische Minzblätter plus extra zur Dekoration

Eiswürfel

Sprudelwasser

Nährwert

ca. 70 kcal pro Person

Zubereitungszeit

10 Minuten

6

So geht's

1. Bereite **grünen Tee** zu. Lasse ihn abkühlen.
2. Gib die **Minzblätter** und den **Rohrzucker** in einen Cocktail-Shaker. Wenn du keinen Cocktail-Shaker hast, dann reicht auch ein großes Glas mit Deckel.
3. Drücke den **Limettensaft** hinein. Zerstoße die Zutaten leicht, um die Aromen zu vermischen.
4. Fülle den Shaker mit **Eiswürfeln**. Gieße den abgekühlten grünen Tee hinzu.
5. Schüttle den Cocktail kräftig, bis er gut gekühlt ist.
6. Fülle die Mischung in Gläser, die bereits mit Eiswürfeln gefüllt sind.
7. Gib einen kleinen Schuss **Sprudelwasser** in jedes Glas und rühre leicht um.
8. Dekoriere mit frischer Minze und **Limettenstreifen**.

Tipp: Für einen exotischen Touch füge etwas Ingwer oder einen Spritzer Zitronengras-Sirup hinzu.

Birnen-Basilikum-Mocktail

mit Zitronenspritzer

Mocktails sind alkoholfreie Cocktails. Ein besonderes Merkmal dieses Mocktails ist seine Vielseitigkeit. Er passt sowohl zu einem entspannten Nachmittag im Garten als auch als eleganter Begleiter zu festlichen Anlässen.

Für zwei Personen

500 ml Sprudelwasser

10 frische Basilikumblätter

2 reife Birnen

1 Zitrone (Saft)

2 EL Honig
(Veganer: Agavendicksaft)

Eiswürfel

Nährwert

ca. 330 kcal pro Person

Zubereitungszeit

10 Minuten

6

So geht's

1. Wasche die **Birnen**. Entferne das Kerngehäuse. Schneide sie in Stücke.
2. Gib die Birnenstücke in einen Mixer. Püriere sie bis zum Erhalt eines feinen Pürees.
3. Presse den Saft der **Zitrone** aus.
4. Verteile das Birnenpüree gleichmäßig auf zwei große Gläser.
5. Füge jeweils 5 **Basilikumblätter** hinzu.
6. Gieße den frisch gepressten **Zitronensaft** darüber.
7. Süße das Getränk mit einem Esslöffel **Honig** oder Agavendicksaft pro Glas. Rühre gut um.
8. Fülle die Gläser mit **Eiswürfeln** auf. Gieße das sprudelnde Mineralwasser darüber.
9. Rühre um, garniere und serviere sofort.

Tipp: Für einen extra Frischekick füge ein paar dünne Gurkenscheiben hinzu.

Geniale Küchen-Hacks

Knoblauch schälen leicht gemacht: Gib Knoblauchzehen in ein Gefäß, schüttle kräftig, und die Schale löst sich fast von selbst.

Halte fertige Speisen im ausgeschalteten, aber noch warmen Backofen warm, bis alles servierfertig ist.

Reibe deine Hände an Edelstahl unter fließendem Wasser, um Gerüche wie Knoblauch zu entfernen.

Um Kartoffeln schneller zu kochen, schneide sie in kleinere Stücke und starte das Kochen in kaltem Wasser.

Trenne Eiweiß und Eigelb mit einer Plastikflasche: Drücke die Flasche zusammen, halte die Öffnung an das Eigelb und lasse los, um es aufzusaugen.

Käse bleibt nicht an der Reibe kleben, wenn du etwas Mehl über den Käse streust.

Um einen Paprikakern einfach zu entfernen, schneide um den Stiel in einem Kreis und entferne ihn mit den Samen auf einmal.

Ein Waffeleisen kann für schnelle und einfache Omeletts verwendet werden.

Eine Muffinform kann eine praktische Servierplatte für Dips, Saucen oder kleine Snacks sein.

Für perfekt geformte Burger-Patties mache eine kleine Delle in die Mitte der Patties, damit sie beim Braten gleichmäßig flach bleiben.

Unparfümierte Zahnseide eignet sich hervorragend zum sauberen Schneiden von Kuchen oder Weichkäse.

Verwende Gefrierbeutel, um Fleisch oder Gemüse schneller und effektiver zu marinieren.

Entferne den Stiel einer Avocado. Wenn es darunter grün ist, dann ist die Avocado reif.

Schneide Zwiebeln ohne Tränen, indem du sie neben einem eingeschalteten Dunstabzug oder unter fließendem Wasser schneidest.

Ein Pizzaroller zerkleinert frische Kräuter schneller als ein Messer.

Eine Prise Salz im Topf verhindert, dass Milch überkocht.

Um Getränke schneller abzukühlen, wickle ein feuchtes Küchentuch um die Flasche und stelle sie für 15 Minuten ins Gefrierfach.

“Fülle eine Schüssel mit warmem Seifenwasser und schlage den Schneebesen kurz durch – das löst den Schmutz am Schneebesen fast automatisch.”

Ein Löffel entfernt die Schale von Ingwer effektiver und mit weniger Abfall als ein Messer.

Rolle die Zitrone vor dem Auspressen fest auf der Arbeitsfläche, um mehr Saft aus ihr zu pressen.

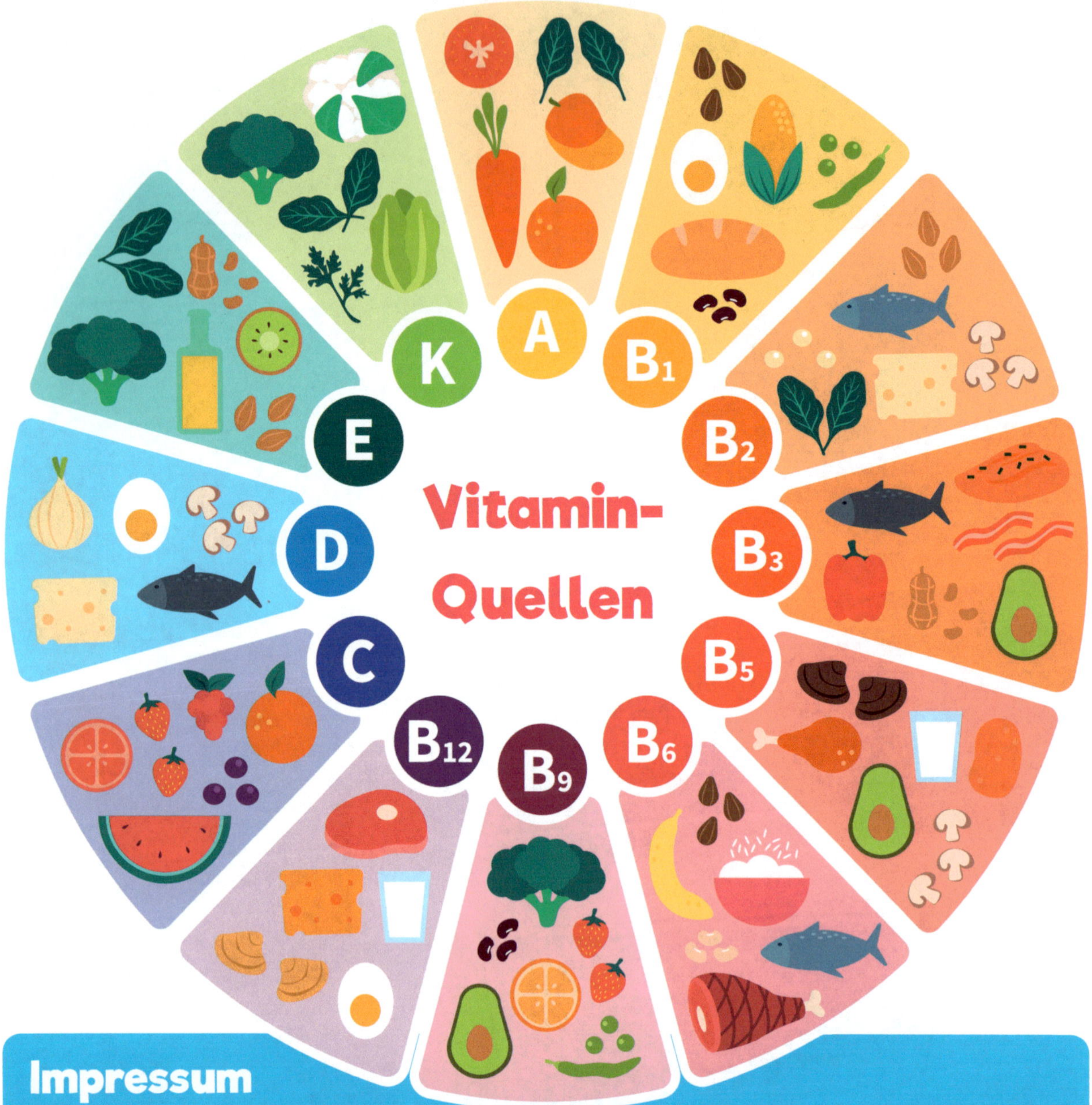

Impressum

Kontakt: info@experistar.de • Wir freuen uns über Rückmeldungen!

Experistar Verlag, André Voget, Erlenhofstraße 25, 56235 Ransbach-Baumbach, Deutschland, www.experistar.de
Alle Bilder und Illustrationen sind kommerziell lizenziert von Adobe Stock®, Midjourney® und Shutterstock®.

ISBN 978-3-911074-13-1

EXPERISTAR

Printed in France by Amazon
Brétigny-sur-Orge, FR

19664155R10065